INFOcomics

KONTINENTALE PHILOSOPHIE

Die Moderne in Frankreich und Deutschland

CHRISTOPHER KUL-WANT & PIERO

Impressum

www.infocomics.de

Titel: Kontinentale Philosophie. Ein Sachcomic
Reihe: INFOcomics (hrsg. von Wilfried Stascheit)
Autor: Christopher Kul-Want & Piero
Illustrationen: Piero
Umschlag: Edward Bettison

Titel der englischen **Originalausgabe:**
Continental Philosophy
Icon Books Ltd., London, 2013

TibiaPress Verlag GmbH
Abigstr. 11, D-88662 Überlingen
Tel.: 07551.309272; Fax: 07551.309273
info@tibiapress.de
www.tibiapress.de

Übersetzung: Wilfried Stascheit
Assistenz: Julia Kockel
Layout: Verlag Die Werkstatt, Göttingen
Druck: Druckerei Uwe Nolte, Iserlohn

ISBN: 978-3-935254-41-0

Besucht uns auf Facebook:

www.facebook.com/infocomics

Kreativ denken!

Der „Kontinentalphilosoph" **Friedrich Nietzsche** (1844-1900) behauptete, wir könnten erst anfangen **kreativ** zu denken und zu leben, wenn wir nicht länger erwarten, dass die Welt unsere Vermutungen über uns selbst beantwortet und widerspiegelt. Andernfalls laufen wir Gefahr, dumm und selbstgefällig zu werden:

Was ist Kontinentalphilosophie?

„Kontinentalphilosophie" steht für das Verlangen, sich jenseits dieser gemütlichen Selbsttäuschung zu verwirklichen, die von Nietzsche verspottet wird. Wenn wir in unserem Denken starr und unbeweglich bleiben, wird die Lebensenergie für Veränderung und Schöpfung langsam verschwinden.

Kontinentalphilosophie basiert auf der Annahme, dass das Denken gegen die Trägheit und den hartnäckigen Wunsch, alles beim Alten zu belassen, ankämpfen kann.

„Kontinentalphilosophie" bezieht sich auf eine radikale Form der Philosophie, die von europäischen Denkern des 18. Jahrhunderts entwickelt wurde und bis heute fortbesteht. Die bedeutendsten Denker der Kontinentalphilosophie stammen aus Deutschland und Nordeuropa. Mitte des 20. Jahrhunderts schwappte eine große Welle dieser Art zu denken hinein nach Frankreich. **Alain Badiou** (geb. 1937), einer der bedeutendsten französischen Gegenwartsphilosophen, stellte fest:

Alain Badiou

Diese enge Verbindung zwischen den französischen Philosophen des 20. Jahrhunderts und früherem deutschen Gedankengut lässt sich an dem Fakt belegen, dass beinahe jeder bedeutende französische Philosoph dieser Epoche Bücher über die großen deutschen Philosophen Kant, Hegel, Nietzsche und Heidegger veröffentlicht hat.

Eine erlesene Gemeinschaft

Wie unglaublich gut dieser Samen des Denkens angegangen ist, wird einem klar, wenn man sich die Namensliste der wichtigsten Vertreter der Kontinentalphilosophie anschaut:

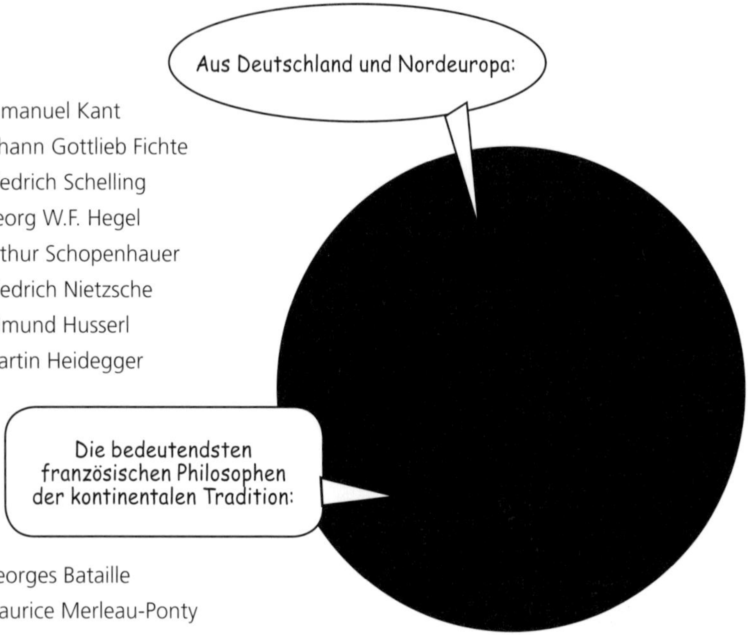

Immanuel Kant
Johann Gottlieb Fichte
Friedrich Schelling
Georg W.F. Hegel
Arthur Schopenhauer
Friedrich Nietzsche
Edmund Husserl
Martin Heidegger

Georges Bataille
Maurice Merleau-Ponty
Jean-Paul Sartre
Roland Barthes
Maurice Blanchot
Jean-François Lyotard
Michel Foucault
Jacques Derrida
Gilles Deleuze
Luce Irigaray
Jean-Luc Nancy
Jacques Rancière
Alain Badiou

Da die zeitgenössische französische Philosophie sich schon immer in einem Diskurs mit der Psychoanalyse und der marxistisch-intellektuellen* Tradition befunden hat, umfasst die Liste der Kontinentalphilosophen auch die Psychoanalysten Sigmund Freud, Melanie Klein, Jacques Lacan und Julia Kristeva, genauso wie etwa Karl Marx und die Frankfurter Schule, besonders Max Horkheimer, Theodor Adorno, Herbert Marcuse, Walter Benjamin und Jürgen Habermas.

Heute aber ist die Kontinentalphilosophie nicht ausschließlich Sache der Franzosen. Signifikante Beiträge leisteten zum Beispiel auch Slavoj Žižek aus Slowenien und italienische Philosophen wie Giorgio Agamben und Gianni Vattimo.

* Markierungen mit dem Sternchen verweisen auf das Glossar S. 171f.

Kontinentale vs. analytische Philosophie

Heute unterscheidet man gewöhnlich zwischen zwei beherrschenden Typen des philosophischen Denkens: der Kontinentalphilosophie und der analytischen Philosophie. Der Begriff Kontinentalphilosophie wurde in den 1950ern in Großbritannien geprägt – und zwar von den universitären Fachbereichen der analytischen Philosophie, für die „Kontinentalphilosophie" eine abschätzige Bezeichnung bis hin zu einer regelrechten Beschimpfung war. Universitäten in den Vereinigten Staaten folgten diesem Beispiel in den 1960ern und 1970ern.

Da der Begriff Kontinentalphilosophie aus der zweiten Hälfte des 20. Jahrhunderts stammt, konnten die „Kontinental"-Philosophen des 18., 19. und der ersten Hälfte des 20. Jahrhunderts diese Bezeichnung noch gar nicht kennen.

Die beiden Traditionen der analytischen und der kontinentalen Philosophie werden oft als Gegensätze einander gegenübergestellt. Es gab mehrere Auseinandersetzungen zwischen den unterschiedlich aufgestellten Philosophen über die Werke der jeweils anderen. Diese Auseinandersetzungen hatten über die letzten vier Jahrzehnte einen signifikanten Einfluss auf die akademischen Lehrpläne und Besetzungen der universitären Fachbereiche.

Die Kontinentalphilosophie ist zwar, wenn auch in geringem Maße, an den Universitäten präsent, deutlicher spürbar ist aber ihr Einfluss in den Geisteswissenschaften, der Literaturwissenschaft, der Kunsttheorie und der Kulturwissenschaft.

Der Wert von Logik

Die Wurzeln der analytischen Philosophie liegen bei den Philosophen **Bertrand Russell** (1872-1970) und **Ludwig Wittgenstein** (1889-1951). In den frühen Jahrzehnten des 20. Jahrhunderts unterzogen die Gründer der analytischen Tradition an der Cambridge University sowohl die mathematische als auch die sprachliche Urteilskraft einer **logisch**-kritischen Analyse.

Heute umfasst die analytische Philosophie ein sehr weites Spektrum – einschließlich etlicher interdisziplinärer Belange. Doch noch in den 1950ern herrschte der Glaube, dass die analytische Philosophie die allgemein geschätzten Werte von logischer Präzision und Anschaulichkeit verkörperte, um, wenn nicht Objektivität, dann zumindest eine Art Unparteilichkeit zu erreichen. Im Gegensatz dazu wurde die Kontinentalphilosophie im besten Falle als Zweig der Literatur und Poetik gesehen, schlimmstenfalls als eine Form der Sophisterei, die versucht, ihren Mangel an Rationalität durch eine verworrene und komplizierte Sprache zu verschleiern.

Eine gemeinsame Geschichte

Sowohl die analytische als auch die kontinentale Philosophie entspringen der deutschen Philosophie, und weiter zurückgedacht lassen sie sich auf Descartes im 17. Jahrhundert und schließlich auf die antike griechische Philosophie zurückverfolgen. Angesichts dieser gemeinsamen Geschichte sind die deutlich wahrnehmbaren Unterschiede der beiden Schulen nicht immer so eindeutig auszumachen.

Die fest verwurzelten Ansichten und klischeehaften Dichotomien beiseite lassend, wird sich dieses Buch hauptsächlich auf die französische Philosophie konzentrieren und darauf, was diese von der Mitte des 20. Jahrhunderts ausgehend von den deutschen Wegbereitern übernommen hat.

Gegen Unterdrückung

Als Erstes will die Kontinentalphilosophie das Problem von Unterdrückung oder Unfreiheit in Angriff nehmen, sowohl mit Blick auf das Individuum als auch auf die Gesellschaft.

Im Gefolge davon ist die zweite Fragestellung der Kontinentalphilosophie, wie über die Möglichkeit der Freiheit von Unterdrückung gedacht, geschrieben und diese schließlich behauptet werden kann. Das Ganze muss jedoch ohne den Rückgriff auf vorgefasste Konzepte geschehen, die diktieren, wie die Erfahrung von Freiheit aussehen könnte, denn das würde nur zu weiterer Unterdrückung führen.

Für die Analyse der individuellen und sozialen Formen der Unterdrückung bedient sich die Kontinentalphilosophie eines **interpretativen** (manchmal auch hermeneutisch genannten) und **historischen** Vorgehens, das die Ursprünge und die strukturellen Verfahren der Unterdrückung aufzeigen soll.

Der erste Philosoph, der sich dieser Aufgabe annahm, war **Friedrich Nietzsche** (1844-1900). Nietzsche prägte den Begriff der „Genealogie", der sich auf die Analyse der Entstehung von Macht und Ideologie* bezog, und untersuchte damit die Entwicklung einer repressiven Tendenz im westlichen Denken – angefangen mit Platons Philosophie im 5. Jahrhundert vor Christus und gefolgt von den Vorstellungen der christlichen Theologie.

Begrenztheiten der Theorie

Insofern Kontinentalphilosophen die Unterdrückung für eine andauernde Bürde in der westlichen Geschichte halten, bieten sie auch Denkoptionen an, wie dieser Zustand überwunden werden kann. Diese schließen die Anerkennung der Rolle des Unbewussten mit ein (daher die Verknüpfung mit den Psychoanalytikern).

Viele der großen Kontinentalphilosophen entwickeln selbst genauestens durchkonstruierte Systeme und Strukturen. Ihre Schriften sind allerdings in einem literarischen Stil verfasst, der einfachen Gedanken bewusst ihre Transparenz und Anschaulichkeit nimmt – als ob sie der Sprache einen eigenen Sinn für Kunstfertigkeit, Verspieltheit und Fluidität erlauben würden.

Zu diesem Zweck entwickeln viele Kontinentalphilosophen eine Philosophie, die sie in Geschichten, Epigrammen und Aphorismen zu Wort kommen lassen (Nietzsche, Benjamin, Barthes, Derrida). Alternativ bedienen sie sich einer undurchsichtigen, komplexen Sprache, bestehend aus schwierigen und resistenten Phrasen und Sätzen – um aus dem Vertrauten, dem Selbstverständlichen herauszutreten (Heidegger, Adorno, Derrida, Deleuze).

Die Kontinentalphilosophen waren jedoch keineswegs die Ersten, die solche literarischen Strategien in ihren Schriften anwandten. Das Buch „Über die Natur" des griechischen Philosophen **Heraklit** (535-475 v. Chr.) spielt mit den Satzstrukturen und ist geschrieben in einer Serie von Epigrammen und Aphorismen, die voll sind mit Reimen, Assonanzen und Wortspielen. Hier ein Beispiel von Heraklits poetischen Epigrammen:

Ein anderes, das mit den verschiedenen Bedeutungen des altgriechischen Wortes bios spielt, lautet: *Der Bogen (bios) trägt den Namen Leben (bios), aber sein Werk ist der Tod.*

In beiden dieser Epigramme benutzt Heraklit sich überlagernde Metaphern, um jeden tragfähigen Sinn der Bedeutung von Existenz zu untergraben. So bleibt im ersten Epigramm weder die Person noch der Fluss gleich, und im zweiten Epigramm ist der Tod das Werk des Lebens.

Auf ins Ungewisse

Sowohl Nietzsche als auch Heidegger bewunderten Heraklit. Heraklits Fähigkeit, Gegensätze miteinander zu vereinigen, und seine Meinung, dass es immer verschiedene Ansichten und Perspektiven der „Wirklichkeit" gibt, trafen für sie genau den richtigen Ton. Vor allem jedoch achteten sie Heraklits Sichtweise, dass Schaffensfreude und Veränderung immer ein Tappen im Dunkeln sind.

Nietzsche fasst seine Hochschätzung Heraklits folgendermaßen in Worte: „In dessen Nähe überhaupt mir wärmer, mir wohler zu Muthe wird als irgendwo sonst. [Meine Lehre] könnte zuletzt schon von Heraklit gelehrt worden sein." *(Ecce homo: Wie man wird, was man ist, 1888)*

Erfahrung und das Selbst

Die Frage nach dem Erfahren – also dem Erfahren von Unterdrückung oder alternativ der Unabhängigkeit von Unterdrückung – macht den Kern der Kontinentalphilosophie aus. Dies wirft zwangsläufig die Fragen auf, *wie* Erleben dargestellt werden kann und *wer* es darstellt.

Traditionell wird das Selbst im Hinblick auf verschiedene Elemente definiert. An erster Stelle steht die Vorstellung, dass das Selbst mit anderen Selbsts verbunden ist – und zwar durch eine Kraft, die „menschliche Natur" genannt wird.

Analytische Philosophen, besonders **Noam Chomsky** (geb. 1928), argumentierten, dass echtes wissenschaftliches Verständnis ohne eine relativ beständige Form der „menschlichen Natur" nicht möglich ist.

Auf der Suche nach Struktur

Nach Chomsky gibt es eine bio-physikalische Struktur, die dem Geist zugrunde liegt und sowohl dem Individuum als auch der gesamten menschlichen Rasse ermöglichen, Sprache und Formen der symbolischen Kommunikation zu entwickeln.

Chomsky verwandte sein gesamtes wissenschaftliches Lebenswerk darauf, diese Strukturen zu entschlüsseln, um damit eine nachprüfbare, mathematische Theorie über den Verstand zu entwerfen.

Zweifel an universellen Wahrheiten

Im Gegensatz zu analytischen Philosophen, wie Chomsky, haben die Kontinentalphilosophen nicht die Absicht, außerhalb eine Verortung von Gewissheit zu entdecken, um daraus eine universell anwendbare Theorie des Subjekts zu entwickeln. Kontinentalphilosophen stehen Behauptungen von universellen Wahrheiten sehr argwöhnisch gegenüber – obwohl sie sie letztlich nicht unbedingt wirklich ablehnen.

Mit Bezug auf die Frage nach einer immanenten menschlichen Natur oder Charakter (zum Beispiel die Disposition, eine Sprache zu entwickeln) meint der Kontinentalphilosoph **Michel Foucault** (1926-1984), man solle die Fragestellung ändern:

Nach Foucault gibt es keine universelle Übereinkunft, die außerhalb von Geschichte und Gesellschaft liegt. Daher besteht Foucaults Projekt darin, die sozialen Mechanismen und Affekte* von Konzepten und, weiter gefasst, Diskurse (Systeme des Denkens) zu untersuchen – da diese die gesellschaftlichen Praktiken (medizinisch, wissenschaftlich, ökonomisch, intellektuell und so weiter) an bestimmten geschichtlichen Schnittstellen formen.

Und dennoch, trotz Foucaults intellektueller Präzision und Gelehrsamkeit, steht er dem Verlangen nach Wissen letztlich argwöhnisch gegenüber. Wie bei allen Kontinentalphilosophen wird Foucaults Projekt von dem Interesse geleitet, die Machtkonstellationen zu erklären, die auf das Streben nach Wissen einwirken.

Fantasien vom Bewusstsein

Die zweite Grundlage für die Definition der Idee des Selbst liegt traditionell in der Beziehung auf das Bewusstsein. Für die Kontinentalphilosophen aber handelt es sich bei dieser Vorstellung von einem Bewusstsein und einer unabhängigen Selbstverwaltung letztlich um eine unnütze Einbildung, die auf ein nicht mögliches Verlangen nach Selbstkontrolle hinausläuft – weil es für uns unmöglich ist, alles zu wissen, was zu irgendeiner Zeit in unserem Kopf vor sich geht.

In der westlichen Philosophie geriet die Streitfrage um das Bewusstsein im 17. Jahrhundert in eine Art Krise, als **René Descartes** (1596-1650) unsere Fähigkeit infrage stellte, überhaupt etwas über die Wirklichkeit unserer Existenz und der Welt wissen zu können. Schließlich schränkt Descartes diesen Zweifel jedoch durch die Feststellung ein, dass gerade seine eigene Skepsis gegenüber der Existenz der Welt den Beweis dafür liefert, dass sein Verstand existiert. Dieser Gedanke führte zu seiner berühmten Maxime: *Cogito ergo sum* („Ich denke, also bin ich")

Die symbolische Ordnung

Die Vorstellung des Selbst, wie es von Descartes durch die Idee des Bewusstseins definiert wurde, wurde inzwischen gänzlich neu überdacht. Für den Psychoanalysten **Jacques Lacan** (1901-1981) ist das Bewusstsein lediglich eine Einbildung, die unserer Abhängigkeit von Sprache geschuldet ist. Und genauso ist das Selbst eine Konstruktion, geschaffen von unserem Vertrauen auf „die symbolische Ordnung".

An einem Schachspiel kann man klarmachen, wie die Regeln in symbolischen Systemen wirken. Jede Schachfigur kann sich nur auf bestimmte Weise bewegen. Die gleiche Idee liegt Sprache zugrunde: Den grammatischen Regeln muss beinahe blind und spontan gefolgt werden, da es unmöglich ist, sich aller Regeln zu einem Zeitpunkt bewusst zu sein. Wenn diese Regeln immer neu im Kopf gebildet werden müssten, wäre es unmöglich, zur selben Zeit zu sprechen.

In ähnlicher Weise gibt es Regeln, die soziale Interaktionen der Höflichkeit, der Gemeinschaft und des sozialen Raums verwalten und die wir in unserem Alltag normalerweise nicht ständig bewusst wahrnehmen und reflektieren. Es gibt eine ganze Palette an Tabus und Verboten – was und wann etwas nicht gesagt oder getan werden darf. Obwohl wir es alle tun, ist diese Unterwerfung unter die Regeln, die Sprache und soziale Interaktionen verwalten, keineswegs ein natürlicher Prozess.

Das Trojanische Pferd der Kommunikation

Lacan glaubt, dass die symbolische Ordnung der Menschheit die Kommunikation schenkt. Aber dieses Geschenk ist genauso gefährlich für die Menschheit wie damals das hölzerne Pferd für Troja.

Während wir eine Sprache benutzen – und das tun wir andauernd, um zu kommunizieren und sogar, um zu denken – sind wir im Prinzip bewusstlose Wesen. Uns sind vielleicht noch die grammatikalischen und sozialen Regeln vertraut, die eine Sprache verwalten, aber diese können uns nicht allesamt aktiv bewusst sein, während wir selbst kommunizieren.

Allen Regeln, die den Gebrauch symbolischer Systeme verwalten, liegt eine fundamentale Regel oder ein Gesetz zugrunde: *Bedeutung ist von dem symbolischen System selbst abhängig.* Und das Paradoxe daran ist, dass selbst wenn diese Abhängigkeit erkannt wird, dies ebenfalls nur innerhalb der Begrifflichkeit der symbolischen Ordnung geschehen kann. Wie sehr wir auch danach streben, uns dieser Abhängigkeit bewusst zu sein, und wie sehr wir diese Abhängigkeit erklären und definieren mögen – wir können nicht aus ihr heraustreten. Um sprechen und denken zu können, müssen wir einen Pakt mit der symbolischen Ordnung eingehen – wir müssen uns ihrem System verschreiben und nicht umgekehrt.

Das Unbewusste: ein blinder Fleck

Für Lacan ist das Unbewusste der blinde Fleck innerhalb eines Subjekts. Auf ewig dazu bestimmt, Teilnehmer an der symbolischen Ordnung zu sein, um zu kommunizieren und einfach nur zu denken, und von der sozialen Notwendigkeit ständig dazu gedrängt, dies auch zu tun, wird das Subjekt niemals volle Bewusstheit darüber erlangen, was genau seine eigenen Strukturen bestimmt und festlegt.

Als solches ist das Unbewusste unerkannt und nicht darstellbar und pflegt daher standardmäßig die idealistische Vorstellung, bewusste Bedeutung und Kontrolle erlangen zu können.

Das universale Medium des Austauschs

Auf seinem eigenen Gebiet der politischen Ökonomie kam **Karl Marx** (1818-1883) zu ähnlichen Schlüssen wie Lacan: Das Subjekt wird durch den Prozess der Teilnahme an der symbolischen Ordnung geformt. In seinem Buch *Das Kapital* (1867) zeigt Marx, dass sich alle ökonomischen Systeme, einschließlich des Kapitalismus, auf ein einziges universales Medium stützen – im Fall des Kapitalismus ist dies das Geld, an dem alles gemessen und beurteilt wird, das sich tauschen oder verkaufen lässt.

In den meisten präkapitalistischen Gesellschaften, in denen es noch kein Geld gab – zum Beispiel im antiken Ägypten –, gab es immer einen gut etablierten, gemeinsamen Maßstab darüber, was einen fairen Austausch von Gütern ausmachte.

Marx zeigt auf, dass der Gebrauch eines einzigen Mittlers für den Austausch – ob das nun Geld ist oder etwas anderes – jedes Produkt, jeden Artikel, jedes Ding einem einzigen universellen Tauschsystem unterordnet. Dies ermöglicht berechenbare Tauschgeschäfte, verdrängt aber auch die Möglichkeit kategorischer Unterschiede zwischen Produkten, Artikeln oder Dingen. Marx' Absicht war es, die Realisierbarkeit einer komparativen Wertzuschreibung an Produkte und Waren infrage zu stellen – inklusive der Menge von Arbeit und eingesetzter Zeit bei der Herstellung dieser Dinge.

„Unberechenbare Beziehungen“

Marx glaubte, dass beide, Händler und Konsument, im Kapitalismus oftmals auch die Absurdität dessen wahrnehmen, dass man jedes Produkt, jeden Artikel und jedes Ding an ein universelles Tauschsystem bindet, das vom Wertmaßstab des Geldes regiert wird.

Diese Absurdität ist gekennzeichnet durch die Schwierigkeit, adäquate Löhne für Arbeiter und Hersteller festzulegen. Hier stellt sich nämlich die Frage, mit welchem Anteil man die aufgewendete Zeit, die Sorgfalt, die Bildung und die mentale und physische Anstrengung, die in die Arbeitsleistung einfließen, mit einrechnen und daraus einen vergleichbaren Preis ermitteln soll.

„Sie wissen das nicht, aber sie tun es"

Die Menschen können zwar die Grenzen innerhalb des kapitalistischen Tauschsystems und die immanenten Schwierigkeiten bei der Berechnung des Tauschwertes von Produkten, Artikeln und Dingen erkennen, diese Erkenntnis bleibt jedoch nutzlos im Akt des durch Geld vermittelten Tausches, welchem sich jeder Hersteller und Konsument zu fügen hat.

Die Beteiligung am finanziellen Austausch heißt, ein symbolisches System aufrechtzuerhalten, dessen Nebenprodukt das Subjekt ist. Daher sagt Marx in seiner berühmten Definition von Warenfetisch und Ideologie: *„Sie wissen das nicht, aber sie tun es."*

Kant und das Unerkennbare

Die kritische Auseinandersetzung mit dem sich bewussten Selbst und einem unabhängigen, selbstverantwortlichen Handelnden kann bis hin zu dem preußischen Philosophen **Immanuel Kant** (1724-1804) zurückverfolgt werden – besonders in seinen Abhandlungen zur Frage „Was können wir wissen" (*Kritik der reinen Vernunft*). Der erste Schritt, den Kant in diese Richtung tat, war, mutig zu verkünden, dass die Philosophie nicht die Aufgabe hat, sich mit Dingen wie der Existenz Gottes zu beschäftigen.

So beendete Kant scheinbar mit einem Schlag die philosophische Beschäftigung mit der Metaphysik* und verneinte die Existenz einer höheren, transzendenten Welt, die eine der Hauptgarantien der Realität der Existenz des Selbst darstellte.

Kant selbst war ein gläubiger Christ und behauptete keineswegs, dass die transzendente Welt nicht existieren könnte, dass diese aber definitionsgemäß nicht erkannt werden kann. Er verwendete den Begriff *noumenon* für die Kennzeichnung der transzendenten Welt – abgeleitet vom lateinischen *numen*, was Gottheit, göttlicher Wille oder göttliche Präsenz bedeutet. Für Kant markiert das *noumenon* die Vorstellung von Gott, Freiheit, Unsterblichkeit und das menschliche Vermögen, vernünftig zu urteilen.

Kants kopernikanische Wende

In „*Kritik der reinen Vernunft*" (1780) umgeht Kant die philosophische Frage, die alle seine Vorgänger ziemlich beschäftigt hatte, nämlich ob die „Wirklichkeit" und „empirischen" Phenomena (Dinge, die wahrgenommen werden können) wirklich existieren oder ob „Wirklichkeit" letztlich nur eine Projektion des Geistes ist. Kant beschränkte sich nämlich einfach auf die Frage, wie Wissen produziert oder konstruiert wird – ohne anzunehmen, dass die Wirklichkeit „da draußen" existiert und eine gegebene Voraussetzung der Erfahrung ist.

Kants Antworten auf diese Fragen brachten ihn dazu, jede konventionelle Vorstellung über subjektive Identität infrage zu stellen – besonders die Vorstellung, dass es eine „Essenz" oder eine stabile Konstante innerhalb der Identität gibt. Stattdessen sieht Kant das Prinzip eines unbefristeten Wandels als die Essenz von Identität und Wissen an.

Die Macht des Neuen

Kant meinte, dass eigentliches Wissen *einzig* das Aufspüren dessen ist, was zuvor unbekannt war – da Wissen für ihn fundamental offen, entwicklungsorientiert und fortschrittlich ist. (In diesem Sinne glaubte er an den fortwährenden Fortschritt der Menschheit.) Kant verweist auf die sich ständig verändernde Natur des Wissens als auf einen Prozess der „Synthesis" (Verarbeitung der Daten der Empfindungen zu Anschauungsbildern und weiter zu Begriffen und Urteilen).

Indem er den Begriff der Synthesis als fundamental für die Wissensentwicklung beschreibt, tat Kant einen der gewagtesten Schritte in der Philosophie, den man sich überhaupt denken kann. Er betrachtete die Begegnung mit dem Neuen (welche neues Wissen konstituiert) nicht als eine bloße Erweiterung des vorher existierenden Wissens. Noch sah er sie als etwas, das nachträglich – a posteriori (nach dem Ereignis) – an das existierende Wissen angeglichen werden kann.

Alterität: das Andere

Bei dieser Untersuchung der Problematik des Umsturzes der existierenden Identität durch die Begegnung mit dem Neuen kam für Kant die philosophische Streitfrage der **Alterität** auf. Das Wort Alterität leitet sich aus dem lateinischen *alter* ab, was der Andere bedeutet.

Im theoretischen Diskurs bezeichnet der Term Andere oft eine unterdrückte Gruppe, wie Schwarze, Asiaten oder, im patriarchalen Kontext, Frauen. Aber im philosophischen Diskurs ist das Andere per Definition das Unerkennbare

Das Erhabene

In einem der ersten modernen Bücher über Ästhetik (die Lehre von Gefühlen und Sinneseindrücken), mit dem Titel *Kritik der Urteilskraft (1790)*, untersuchte Kant, wie es ist, Alterität emotional zu erleben. Per Definition übersteigt und entzieht sich solch eine Erfahrung der menschlichen Einsicht, da es keine vor-existierenden (a priori) Bezeichnungen gibt, durch die Wissen erfassen kann, was neu und andersartig ist.

Das Wort erhaben (sublim) leitet sich aus dem lateinischen *sublimis* ab und bezeichnet das, was jenseits des Messbaren und Kalkulierbaren liegt. Im Einklang mit dieser Vorstellung argumentierte Kant, dass die Erfahrung des Erhabenen ein emotionaler Affekt ist und als solcher nicht darstellbar.

Trotz seiner Versicherung, dass die erhabene Erfahrung der synthetischen Begegnung mit dem Unbekannten nicht auf eine Repräsentation (etwas Vorstellbares, Abbildbares) reduziert werden kann, illustrierte Kant doch mit einigen Bildern, was er damit meinte. Es geht dabei um zwei Typen der erhabenen Erfahrung: das Mathematisch-Erhabene und das Dynamisch-Erhabene.

Das Mathematisch-Erhabene betrifft auch die absolute Beschränkung der subjektiven Fähigkeit, Raum auszumessen, was in einem Schwindelgefühl resultiert. Kant illustriert dies mit einem Beispiel eines Menschen, der neben einer Pyramide steht: Die Spitze und der Boden können niemals auf einen Blick zusammen gesehen werden. Ein weiteres Beispiel von Kant ist „die Bestürzung oder Art von Verlegenheit, die, wie man erzählt, den Zuschauer in der St. Peterskirche in Rom beim ersten Eintritt anwandelt". In beiden Fällen, so sagt Kant, kann der Betrachter nicht anders, als ein zutiefst unbefriedigendes Gefühl des Schwindels und der Orientierungslosigkeit zu erfahren.

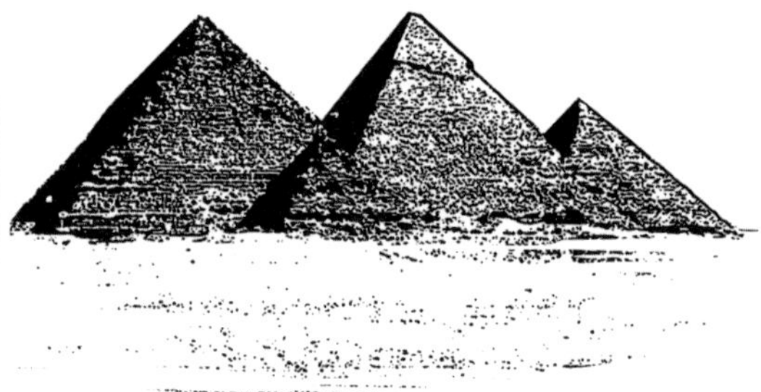

Kant beschreibt das Dynamisch-Erhabene in romantischen* Termini, indem er auf die Furcht verweist, die einen gelegentlich ergreift, wenn man sich der Macht und der Stärke der Natur ausgesetzt fühlt:

Kant versichert, dass im Überstehen dieser zunächst unangenehmen Erfahrungen des Mathematisch- und Dynamisch Erhabenen ein Gefühl von Freude und Genuss liegt – besonders, wenn anfänglich nicht damit gerechnet wurde, diese Erlebnisse zu überstehen.

Nietzsches Urteil: Gott ist tot

Nietzsche beschäftigte sich mit Kants Position innerhalb der philosophischen Diskussion. Er verglich ihn mit einem gerissenen Fuchs, dessen Gerissenheit und Schläue ihn dazu befähigt, den Fängen des traditionellen Denkens zu entfliehen.

Warum wertet Nietzsche Kants Erfolg so einschränkend ab? Und wie geht Nietzsche selbst dieses philosophische Problem an? Nietzsche verkündet infam: *„Gott ist tot!"* In der Geschichte „Die Gefangenen" aus seinem Buch *„Menschliches, Allzumenschliches"* (1878) legt er diesen Gedankengang zum ersten Mal dar.

In Nietzsches Geschichte stellt ein Gefängniswärter den christlichen Gott dar; ein junger Mann, der behauptet, der Sohn des Wärters zu sein, symbolisiert Jesus, während die Gefangenen selbst die Menschheit darstellen sollen. Der Sohn des Wächters (alias Jesus) erzählt den Gefangenen, dass er sie retten kann, solange sie glauben, dass er wirklich der ist, der er behauptet zu sein. Auf die Nachricht hin, dass der Gefängniswärter gestorben sei, macht der Sohn einfach weiter und verkündet:

Die Gefangenen reagieren darauf mit einem Schulterzucken, gehen davon und lassen den Sohn alleine.

Der Tod der Metaphysik?

Nietzsches Allegorie über den Tod Gottes – und der Name Anti-Christ, den er sich selbst gab – sollte nicht alleine eine Huldigung des Säkularismus und des Endes des Christentums sein, sondern eher die Hoffnung auf ein Ende der Metaphysik in all ihren Ausprägungen ausdrücken. Also was ist Metaphysik?

Jeder religiöse Glaube dreht sich um die Vorstellung eines ewigen, perfekten Lebenszustandes, und diese Vorstellung spiegelt sich wider in Vorstellungen wie etwa Gott, Himmel, Paradies und der erlösten oder gereinigten Seele (auf Griechisch bedeutet *meta* über oder jenseits).

Und immer noch gibt es in jeder Religion eine Kluft zwischen diesem göttlichen Zustand der ewigen Perfektion und der weltlichen, physikalischen Sphäre, die von den Menschen bewohnt wird. Dem Gläubigen wird versprochen, dass er diesen göttlichen Zustand der Perfektion erreichen kann, aber die Konsequenz ist, dass die weltliche Existenz als nicht mehr als ein müder Abklatsch der wahren Sache betrachtet wird.

Stattdessen richten Religionen ihren Blick nostalgisch in die Vergangenheit, als das Paradies angeblich noch existierte, oder in eine Zukunft, in der das Paradies zurückgewonnen werden kann. Die westlichen Religionen lenken ihre Gläubigen durch moralische Imperative – wie die 10 Gebote oder die christliche Lehre von „Liebe deinen Nächsten" – und halten sie als Geiseln für das ersehnte Ziel von Vergebung und Erlösung durch die Nichtteilnahme am weltlichen Leben in der Gegenwart.

Metaphysik und Sprache

Dennoch versteht Nietzsche unter Metaphysik nicht nur die Frage nach Religion. Vielmehr durchdringt die Metaphysik, als eine Form des Idealismus*, die gesamte Struktur der westlichen Sprache und des westlichen Denkens. Zu diesem Punkt überlegt Nietzsche in *Götzen-Dämmerung* (1889):

Nietzsches Auffassung von der integralen Verknüpfung von Metaphysik und Sprache nimmt Lacans Theorie vorweg. Nach Lacan wird das Subjekt konstruiert durch die symbolische Ordnung und die Art und Weise, wie weit die Teilnahme an der symbolischen Ordnung zu einem Ideal von Sinngebung für die Dinge führt, das auf das Irrationale und Unbewusste regrediert.

Wissenschaft als Gegenmittel

Nietzsche hielt die Beiträge der Naturwissenschaft zur Philosophie für ein mögliches Gegenmittel gegen die Metaphysik und deren idealistischen Glauben an Wahrheit. Wissenschaft, so argumentiert Nietzsche, deckt die subjektive Natur des Glaubens und der Werte auf. Dieser Gedanke lässt sich am besten mit einem praktischen wissenschaftlichen Experiment illustrieren.

Stell dir ein wissenschaftliches Experiment für x vor. Bei der Vorbereitung und der Durchführung des Experimentes bedient man sich bestimmter Methoden und Hilfsmittel, und entsprechend produzieren diese ein spezifisches Set von Ergebnissen. Nun stell dir ein weiteres Experiment, ebenfalls mit dem Subjekt x, vor bei dem allerdings andere Methoden und Hilfsmittel angewandt werden, um Ergebnisse zu erhalten.

Mit anderen Worten: Die Methode, mit der in einem Experiment gearbeitet wird, bestimmt dessen Ergebnis.

Eine Frage der Perspektive

Nietzsche war überzeugt davon, dass diese Eigenschaft einer wissenschaftlichen Methode seine Ansicht stützt, dass jedes System, das auf Glauben oder Ideologie aufbaut – ob es nun ein religiöses, ein politisches oder ein moralisches ist –, letztlich relativ ist und keinerlei objektive Basis besitzt. Nietzsche beschreibt diese menschliche Grundeigenschaft mit dem Ausdruck **Perspektivismus**.

Alle Sichtweisen und Meinungen sind Produkte menschlicher Werte und Vorstellungen, die sich durch ihre jeweiligen historischen und kulturellen Kontexte voneinander unterscheiden.

Das Phantom des Nihilismus

Nietzsche bemerkt jedoch bald, dass diese Idee der Relativität von Werten sich nicht als befreiend herausstellt. Eher scheint die Menschheit, als Konsequenz daraus, von einem Gefühl des Nihilismus oder Pessimismus befallen zu sein. Das liegt daran, dass die Idee des Wertrelativismus, indem sie Glauben und Werte jeder objektiven Wahrheit beraubt, diese somit endgültig und völlig anzweifelt.

Nietzsches Antwort auf diese rückschrittliche Nostalgie war, dass er sich noch einmal bestimmte Aspekte der Kant´schen Philosophie anschaute und sich besonders in dessen Thesen zur Alterität vertiefte. Aber Nietzsches tiefsitzende Vorbehalte Kant gegenüber blieben bestehen, da er glaubte, Kant hätte seine Konzepte nicht weit genug vorangetrieben. Nietzsches Kritik an Kant konzentrierte sich auf einige Punkte.

Absurde Metaphysik

Erstens blieb Kant – obwohl er behauptete, Angelegenheiten der Religion und des spirituellen Glaubens aus seiner Philosophie zu verbannen – bei seiner Vorstellung der transzendenten Realität: dem *noumenon* – eine unerkennbare Welt, die für ihn auf der anderen Seite der erkennbaren, phänomenalen (sinnlich wahrnehmbaren) Welt liegt.

Um dies zu tun, müsste man wissen, was erkennbar ist und wo die Grenzen des Erkennbaren liegen: ein schlichtweg unmögliches Projekt, besonders in Anbetracht Kants eigener Festlegung einer synthetischen – offenen, veränderlichen – Natur des ursprünglichen Wissens.

Kant traut sich nicht

Obwohl Kant klar war, dass das Zusammentreffen mit dem Neuen und Andersartigen schon auch das vorhandene Gefühl von Identität oder Glauben als dessen Folge umzustürzen vermag, widerruft er am Ende diese Aussage. Stattdessen fiel er in die bei Weitem konservativere Vorstellung zurück, dass das Zusammentreffen mit dem Neuen oder Andersartigen einfach das bereits existierende (*a priori*) Vorwissen von Kenntnissen und Ideengut weiterentwickelt.

Als natürliche Folge existiert das Subjekt in sicherer Quarantäne vor dem Unerkennbaren und widersetzt sich so jedem Versuch der Veränderung.

Einen gewissen Rest von Metaphysik findet man auch in Kants Begriff des Erhabenen (die intensive emotionale Erfahrung, die er mit Veränderungen in der Konzeption von Wissen und Verstehen verbindet). Kant argumentiert, das Erhabene sei schlicht überwältigend und löse höchste Orientierungslosigkeit aus. Er relativiert diese Aussage jedoch, indem er behauptet, dass durch eine anfänglich unangenehme und schmerzhafte Erfahrung ein neubegründetes Vergnügen erlangt wird.

Metaphysik durch die Hintertür

Nietzsche übernimmt Kants These, dass Wissen synthetisch ist: eine offene Begegnung mit dem Unbekannten. Aber er lehnt Kants Behauptung ab, dass ein solcher Prozess der Menschheit einen moralischen Sinn für Werte verschaffen kann und es ihr ermöglicht, sich bis in die Unendlichkeit weiter zu entwickeln.

Nietzsches Ansicht nach war diese These Teil von Kants Versuch, sich selbst und seinen Lesern zu versichern, dass die Erfahrung von Synthese und Andersartigkeit im Subjekt miteinander verschmolzen werden könnte.

Das koloniale „Andere"

Historisch gesehen entwickelte sich Kants Sichtweise der Alterität – und seine philosophischen Theorien insgesamt – im Kontext des zunehmenden Kontaktes zwischen den expansionistischen europäischen Staaten und dem afrikanischen und asiatischen Kontinent.

Auf Seiten der kaukasischen Bevölkerung damals war dieser Kontakt begleitet von der tiefgreitenden Angst, ihre Grenzen zu öffnen, und der wahrgenommenen Bedrohung, dass dies zur kapitalistischen Vorherrschaft führen würde, begleitet von deren Ideologie der rassischen „Reinheit".

Innerhalb dieses historischen Kontextes kann man Kants Erkenntnistheorie (und die Erfahrung des Erhabenen, die damit verbunden ist) auch als die Einsicht in die Tatsache interpretieren, dass der Kontakt und Austausch zwischen den kaukasischen Völkern und dem „Anderen" nicht nur unvermeidlich, sondern **notwendig** ist. Genau diese Prämisse steckt hinter Kants Theorie, dass Wissen synthetisch (Urteil ohne Vorerfahrung) und offen ist.

Dennoch kommt Kant zu dem Schluss, dass das Erhabene letztlich ein unerwartetes Quantum an Lust erzeugt, und dies sollte diese Ängste mildern. Letztendlich unterstützte Kants Philosophie eine westliche expansionistische Weltsicht, indem er unterstreicht, dass die Hochgefühle der Eroberer genau deshalb entstanden, weil es keinen Grund gab, sie zu erwarten.

Das Unbekannte überdenken

In Nietzsches Augen ist Kants Philosophie repressiv, weil sie sich weigert, das Gefühl der subjektiven Kontrolle im Prozess der Synthese mit dem Anderen aufzugeben. Nietzsches Antwort auf dieses Problem war das Neu-Denken der Vorstellung des Unbekannten und des Nichts. Sie lag jenseits des Weges, den Kant eingeschlagen hatte, und sollte auch die Lösung sein, wie man die Metaphysik überwinden könne.

Das Problem mit der Metaphysik ist, dass sie sich das Nichts – das Unbekannte oder nicht Vorstellbare, das im Herzen von Kants Idee der Synthese liegt – als eine Leere vorstellt, die durch alles, was in der bekannten Welt existiert, **negativ** definiert ist.

Der Wille zur Macht

Nietzsche erörtert, dass im Prozess der Synthese, wo es keine Koordinaten für Wissen oder Darstellung gibt, das Nichts oder die Leere dort nicht einfach ein Fehlen von etwas ist; es ist alles andere als das, weil es nämlich der Katalysator für Veränderung und Umorientierung im Bereich der Erkenntnis und des Wissens ist.

Nietzsches Philosophie kreist um dieses überarbeitete Konzept der Synthese als das Nichts, das er „den Willen zur Macht" nannte.

Wie hat Nietzsche den Willen zur Macht erforscht? Seiner Meinung nach – beschrieben in *Zur Genealogie der Moral* (1887) – liegt jedem moralischen System und jeder politischen und religiösen Ideologie der Hunger nach Macht und Kontrolle zu Grunde. Bei kriegerischen und imperialistischen Staaten zeigt sich dieses Verlangen nach Macht klar und offensichtlich.

Das Christentum analysierend, argumentiert Nietzsche, dessen Ursprünge lägen in den weit verbreiteten Bestrebungen vieler heimischer europäischer Stämme und Nationen, das Römische Reich zu stürzen. Dies konnte jedoch nicht im bewaffneten Kampf erreicht werden, da die Römer viel zu stark waren.

Liebe deinen Nächsten?

Nietzsche glaubte also, dass das Christentum als Antwort auf den Römischen Imperialismus entstanden sei. Die Christenheit drehte die jüdische Doktrin der Rache –„Auge um Auge, Zahn um Zahn"– um – sie lehrte stattdessen, *auch die andere Wange hinzuhalten*, als Teil der umfassenden Verpflichtung zur *Nächstenliebe*.

Während die Christen von den Römern grausam unterdrückt wurden, war ihre Lehre, *die andere Wange hinzuhalten* – Vergebung –, unbesiegbar, und im Jahre 312 nach Christus konvertierte Kaiser Konstantin zum Christentum.

Im Gegensatz zu der Macht, die andere bezwingt oder unterdrückt, geht es bei Nietzsches Konzept der Macht – *dem Willen zur Macht* – um einen Prozess der schaffenden Synthese, eine Offenheit gegenüber dem Unbekannten. Mit dieser Idee mutig geworden, stellte sich Nietzsche die Möglichkeit vor, dass die Menschheit selbstlos und offen würde, sich fortwährend um das Umwälzen und Verändern der Werte kümmere, um diese nicht in starre Vorstellungen und Perspektiven zurückfallen zu lassen.

Im Jahre 1888 entwarf Nietzsche eine Skizze dieses berauschenden Prozesses:

Die Geburt des Übermenschen

Nietzsches Vision einer Menschheit, die frei von Unterdrückung und offen für Veränderung ist, lief auf ein Ende der westlichen Vorstellungen von historischer Entwicklung und Zweckbestimmung hinaus. Sozusagen als Vorwegnahme schuf Nietzsche selbst eine Personifikation seiner Theorien über einen epochalen Wandel in der Person von „Zarathustra", des namengebenden Helden von *Also sprach Zarathustra: Ein Buch für Alle und Keinen* (1883-1885).

Zarathustra basiert auf der Figur des Zoroaster, einem antiken iranischen Propheten, von dem gesagt wird, dass er irgendwann zwischen 3000 und 400 vor Christus gelebt habe. Aber Zarathustra entwickelt neue Konzepte, die selbst Zoroaster in seiner eigenen Ära nicht hätte schaffen können.

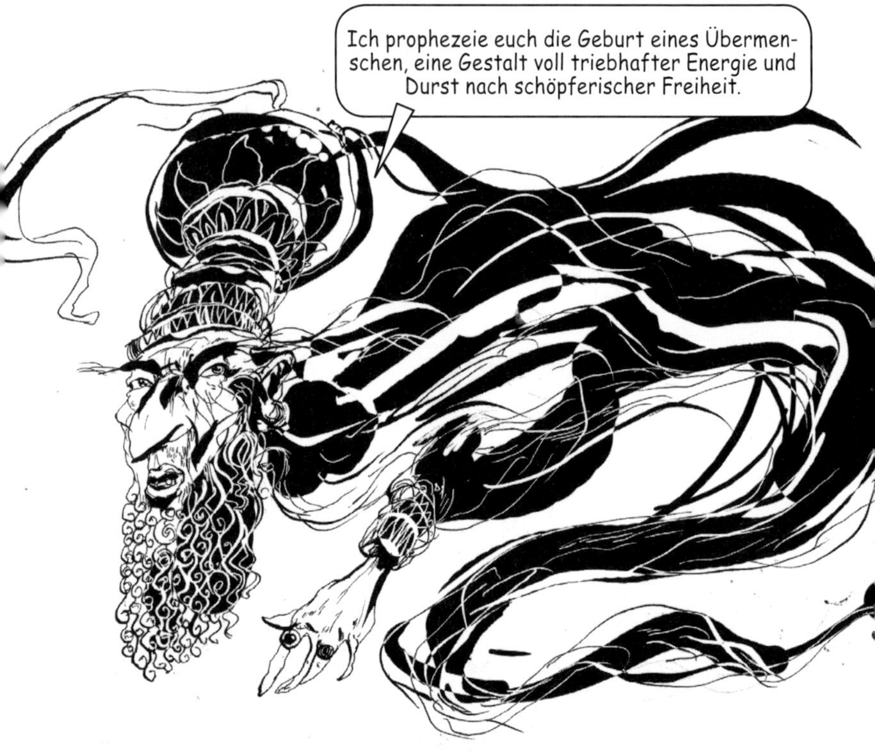

Heidegger: das Ende der Moderne?

In Nietzsches Denken wird der Prophet oder Vater des Übermenschen (Zarathustra) zu seinem eigenen Kind, eine Wiedergeburt, die die Bedingungen schafft, in welchen die Menschheit den Nihilismus überwinden kann. Spätere Philosophen allerdings behandelten die Frage nach der bevorstehenden neuen Zukunft vorsichtiger.

Martin Heidegger (1889-1976) zum Beispiel erkannte die Tragweite von Nietzsches Philosophie und widmete eine Reihe von Vorträgen in den 1930er Jahren Nietzsches Werk.

Um den Kontext von Heideggers Urteil über Nietzsche – und allgemeiner die deutsche Philosophie in den 1920ern und den 1930ern – zu verstehen, ist es notwendig, sich die tiefe Verzweiflung in Erinnerung zu rufen, die nach der Niederlage im Ersten Weltkrieg im Jahre 1918 in der Bevölkerung vorherrschte. Auf deutscher Seite wurden 2 Millionen Menschen getötet und 4 Millionen verwundet. Über die Bedingungen des Versailler Vertrags (1919) zwischen den alliierten Mächten und Deutschland hatte man einen mächtigen Zorn und insgesamt machte sich das Gefühl breit, dass die Technik auf ganzer Linie versagt hatte.

Technik – eine Bedrohung

Die Philosophen, die im Deutschland der 1920er und 1930er Jahre ihre Werke verfassten – wie Heidegger und die Frankfurter Schule (unter anderem Max Horkheimer, Theodor Adorno und Walter Benjamin – siehe Seite 75), gaben sich hinsichtlich der Auswirkungen und des möglichen zukünftigen Gebrauchs der modernen Technik keinen Illusionen hin.

Walter Benjamin

Walter Benjamin sah in einer unheimlichen Vorahnung von Amerikas aktueller elektronischer Kriegsführung (Drohnen und Hochgeschwindigkeitsraketen) das „ferngesteuerte Flugzeug" voraus, „das keine menschliche Besatzung bräuchte".

Die Schlüsselfrage für die neueren deutschen Philosophen – im Besonderen für Heidegger und die Frankfurter Schule – war, wie das Ende der Moderne* und damit einhergehend die Metaphysik als historisches Phänomen oder als *Episteme* verstanden werden kann.

Das Wort **Episteme** stammt aus dem Griechischen und bedeutet ursprünglich einfach Wissen oder Wissenschaft. Michel Foucault prägte den Begriff für die epochenbedingte Möglichkeit, Erkenntnis zu erlangen.

Hegel: Das beste Ende der Geschichte

Heideggers historisierende Beschreibung westlichen Denkens und westlicher Entwicklung wurde zu einem großen Teil von der Philosophie **Georg Wilhelm Friedrich Hegels** (1770-1831) beeinflusst. Hegel entwickelte eine **teleologische** (Höherentwicklung in Richtung eines perfekten Endzustandes) Auffassung der Menschheitsgeschichte, einer Geschichte des erwachenden Bewusstseins und der Realisation des Geistes oder der spirituellen Erfahrung. Hegels Theorie versuchte den Gegensatz innerhalb der christlichen Theologie zwischen der transzendentalen Gottheit und der körperlichen Welt aufzulösen und zu versöhnen.

Herr und Sklave

In der *Phänomenologie des Geistes* (1807) argumentiert Hegel, dass dieses erwachende Bewusstsein zwischen Gott und der Menschheit einhergeht mit einer erwachenden gegenseitigen Anerkennung der einzelnen Individuen. Nach Hegel war die Macht ursprünglich aufgeteilt zwischen dem Herrn und den Sklaven, die dessen Gebote befolgten.

Hegel glaubte, dass die finale Stufe der Entwicklung der Menschheit erfordere, dass die Sklaven auf diese Möglichkeit zur Machtergreifung verzichteten und stattdessen lernten, die gegenseitige individuelle Identität zu respektieren.

Sein und Zeit

Heidegger lehnte Hegels christlichen Revisionismus wie auch seine Vorstellungen zum historischen Fortschritt ab und ersetzte sie durch eine andere Theorie des historischen Wandels. Heideggers Werk *Sein und Zeit* (1927) ist ein Meilenstein philosophischen Denkens.

Heideggers Reputation ist eingetrübt von seiner Verbindung mit dem Nationalsozialismus während seines Rektorats an der Universität Freiburg von 1933 bis 1934. Weil man ihm Unterstützung der Nazis ankreidete, durfte er nach dem Zweiten Weltkrieg nicht wieder in die Lehre zurück. Im Jahre 1950 hielt er wieder erste kleinere Vorträge und nach seiner Emeritierung im Jahr 1951 konnte er auch wieder Vorlesungen halten.

Das Problem der Moderne

Heidegger sah in dem Aufstieg des Nationalsozialismus ein Ereignis, das das zentrale Problem der Moderne in den Fokus rückte, welches er in *Sein und Zeit* identifiziert hatte: das der vorherrschenden rationalistischen Herangehensweise an den technologischen Prozess, bei der Objekte und Dinge in der Welt beinahe ausschließlich in Bezug auf ihren Zweck und ihre Funktion verstanden werden.

Heidegger war nicht per se gegen Modernität, aber er sorgte sich um ihre historische Beständigkeit und die Art, wie sie Veränderungen verhindert.

Dasein

Heideggers Philosophie beschäftigt sich mit einem prä-subjektiven Raum, der allen Bedeutungen und Werten vorausgeht, aber dennoch die Voraussetzung für deren *Repräsentation* (Vorstellung, Abbild) ist – einschließlich der Sprache und des Verstehens. Heidegger nennt diesen Raum *Dasein,* dessen Identität sich immer außerhalb von sich selbst befindet, da sie in erster Linie rezeptiv ist und von seiner eigenen geschichtlichen Zukunft beeinflusst wird.

Wie alle ineinandergreifenden Begriffe in Heideggers Schriften – wie etwa Sein, Essenz, Existenz und Wahrheit – funktioniert *Dasein* sowohl als Nomen als auch als Verb.

Während die rationalistische Herangehensweise an Technik eine Philosophie ist, die auf dem Wunsch nach Gewissheit basiert, macht sich Heideggers Philosophie dagegen die Unbestimmtheit zu eigen, weil der Prozess der Entstehung von Epistemen und das, was durch das *Dasein* entsteht, nicht im Voraus bestimmt werden kann.

Dennoch glaubt Heidegger, dass *Dasein* immer von einem limitierten Horizont der Möglichkeiten begrenzt wird: Jede historische Epoche oder Episteme enthält ihr eigenes Ende schon in ihren Anfängen und ist immer eine potentielle Form von Unbeweglichkeit und Unterdrückung, wenn sie zu lange andauert.

Die Grenzen des Verstehens

Innerhalb jeder Episteme gibt es immer eine Offenheit oder einen „Ausgleich", in welcher sich die Wahrheit abzeichnet. Heidegger versah diese Offenheit mit der griechischen Bezeichnung *alētheia*, was Enthüllung und Entschleierung bedeutet. Aber in dem griechischen Wort steckt auch der Begriff *lēthe,* welcher das bezeichnet, was innerhalb einer historischen Epoche weder gesagt noch gedacht werden kann.

Daher erklärt Heidegger:

Für Heidegger ist die Tatsache, dass Etliches existiert, was in keiner Erkenntnis-Episteme ausgedrückt werden kann, ein Hinweis darauf, dass es eine Grenze für jede dieser Episteme gibt.

Die Kunst – ein Anzeichen für das Ende

In seinem Essay *Der Ursprung des Kunstwerkes* (1935) erläutert Heidegger, dass Kunst für eine Gesellschaft als Hinweis fungieren kann, dass ihre eigene historische Epoche zu Ende geht. Er behauptet, dass dies die Funktion der Tempel für die antiken Griechen war.

Nach Heidegger dient der Tempel als Erinnerung, ja sogar als Imperativ für die griechische Gesellschaft, den Wandel herbeizuführen – und zwar durch die Beendigung ihrer eigenen historischen Epoche.

Heidegger unterstreicht diese Rolle, indem er darauf hinweist, dass der lebendige Zustand von Tempeln nur so lange andauerte, wie die Götter in ihnen gelebt hätten, und dass deren Weggang von der Erde von den Griechen selbst als vorherbestimmt angesehen wurde.

Deren Verschwinden machte nun einem neuen Ursprungsglauben und einem generellen Neubeginn Platz. Und genau das ist es, was Heidegger noch einmal als Zeichen für seine eigene Zeit erkennen wollte. Dennoch wurde er in seinem späteren Werk, nach dem Zweiten Weltkrieg, zunehmend pessimistisch, was das mögliche Aufkommen einer neuen historischen Epoche anbetraf, die die Moderne ablösen sollte.

Das Rätsel um das Scheitern des Kommunismus

Im Deutschland der 1920er Jahre wurde die Hoffnung von den radikal Linken hochgehalten, dass aus der Niederlage der alten Gesellschaft des Kaiserreichs gleichsam wie Phönix aus der Asche eine neue Gesellschaft und Kultur entstehen könnte. Als Beispiel diente die bolschewistische Revolution des Jahres 1917 in Russland. In den 1920ern wurde der Kommunismus zwar relativ breit unterstützt – die KPD erhielt zwischen 10-15 % der Wählerstimmen. Aber der Kommunismus war nie wirklich mehrheitsfähig.

Die Frankfurter Schule

Im Jahre 1924 wurde das Institut für Sozialforschung (IfS) als eine private Stiftung unter der Federführung der Universität Frankfurt errichtet. Das Institut wurde gesponsert von **Felix Weil** (1898-1975), einem jüdischen Millionär und Mäzen. Es bildete das Zentrum für eine Gruppe linker Intellektueller: Unter dem Direktorat von **Max Horkheimer** (1895-1973) erforschten unter anderem Theodor Adorno, Herbert Marcuse, Erich Fromm und Walter Benjamin die Gründe, warum der revolutionäre Prozess sich in Deutschland nicht durchsetzten konnte.

Max Horkheimer

Als unabhängiges Institut konnte die sogenannte „Frankfurter Schule" die traditionelle akademische Philosophie mit ihren Vorstellungen von Metaphysik, universellen Rechten und Prinzipien und zeitlosen Wahrheiten herausfordern.

Außerdem kritisierte die Frankfurter Schule traditionelle Formen der wissenschaftlichen Forschung dafür, dass sie bei naturwissenschaftlichen Entwicklungen und technologischem Fortschritt deren Auswirkungen auf die Gesellschaft völlig außer Acht ließen.

Die Gier nach Konsum

Als Marxisten waren die Philosophen der Frankfurter Schule davon überzeugt, dass Freiheit unerreichbar sei, weil die Klasse der Kapitalisten die Ökonomie in ihrem Würgegriff hatte. Sie glaubten weiterhin, dass das Proletariat sowie die Bourgeoisie die falsche Art von Bewusstsein hätten und sich so über ihre eigenen Interessen täuschen ließen.

Als Antwort auf die Veränderungen im Kapitalismus selbst und die Ausbreitung der Konsumgesellschaft, die im späten 19. Jahrhundert in Europa und Amerika begann, brachte diese neu formulierte Schwerpunktsetzung eine Veränderung in die marxistische Theorie, die sich traditionell eher auf die Ökonomie konzentriert hatte.

Oppositionelle Kunst

Theodor Adorno (1903-1969) stand den meisten Konsum-Kulturen unerschütterlich kritisch gegenüber. Für ihn schufen die populären Kulturen zwar Träume – aber „Träume, die nicht träumen". Als Gegensatz zu diesem Typ von Kultur entwickelte Adorno eine Idee der kritischen Kunst, die resolut negativ ist und die Glück ausschließlich im Kontrast zu allem anderen künstlerisch Dargestellten präsentiert.

Für Adorno macht es sich die Vorstellung des Glücks in der Kunst im Status Quo bequem. Eher solle das Kunstwerk, so erklärt er, oppositionell sein – den Einzelnen auf die realen Ungleichheiten und die Schrecken der Welt aufmerksam machen.

Als Beispiel dieser kritischen Kunst führt Adorno die tragischen Opern *Woyzeck* (1925) und *Lulu* (1937) von Alban Berg an. Lulus und Woyzecks Welten wenden sich ins Grauenhafte und füllen sich mit persönlichem Schmerz und Leiden. Die schöne Lulu ist ein Opfer der Begierden anderer, während der Soldat Woyzeck von seinem Kommandanten unterdrückt und von seiner Frau betrogen wird.

In ähnlicher Weise behauptet Adorno, dass Samuel Becketts düstere und nihilistische Auffassung der Existenz in Stücken wie *Warten auf Godot* (1953) implizit mittransportiert, dass die Dinge anders sein könnten und dass es andere mögliche Welten neben der mit kapitalistischer Ausbeutung gibt.

Walter Benjamin und der Hochkapitalismus

Walter Benjamin (1892-1940) untersuchte die Anfänge der Ära des sogenannten „Hochkapitalismus" in Paris unter der reaktionären Herrschaft Napoleons III. (1852-1870) genauer. Während dieser Zeitspanne wurde die industrielle und fertigungstechnische Produktion intensiviert. Sie ersetzte nun die handwerklichen Formen der Arbeit durch maschinelle Produktionsweisen.

Während der 1930er bearbeitete Benjamin ein massives Dossier, das als *„Das Passagenwerk"* bekannt wurde und die damaligen neuen Erfindungen (Fotografie, Stahl- und Glasarkaden, Gasbeleuchtung) und Formen des Konsums aufzeichnete. Auch ging es um die subjektive Erfahrung, die mit Modernität in Verbindung gebracht wird, wie Entfremdung, Langeweile und Warenfetischismus, was sich alles während der Herrschaft Napoleons III. entwickelte. Das *Passagenwerk* ist nur als Fragment erhalten.

Gewalt und das Gesetz

In seinem Essay *„Kritik zur Gewalt"* (1920-1921) verfolgt Benjamin die Ursprünge der Unterdrückung bis zur Gesetzgebung zurück und argumentiert, dass es nicht möglich sei, Gewalt von der Institution Gesetz zu trennen. Aus Benjamins Sicht können sich die Missachtung oder gar das Brechen des Gesetzes auch immer um 180 Grad drehen und dann selbst zur gesetzgebenden Gewalt werden.

Angesichts dieses Problems fragt Benjamin, ob es eine spezifische *revolutionäre* Form der Gewalt gibt, die nicht die Gewalt des Gesetzes wieder ersetzt.

Streiken gegen kapitalistische Logik

Bei der Beantwortung dieser Frage wendet sich Benjamin den proletarischen Streiks zu. Er verwirft die Art von Streiks, die darauf ausgerichtet sind, den Chefs Zugeständnisse abzupressen, weil diese Streiks von der utilitaristischen Logik der Gehaltserhöhungen bestimmt sind. Im Gegensatz zu dieser Logik unterstützt Benjamin die Idee eines proletarischen Generalstreiks, der nichts weniger fordert als die komplette Transformation der sozialen Verhältnisse und der Arbeit selbst.

Einzige Intention dieses Streiks ist die Nichtbeteiligung an der Logik von Zweck und Mittel und außerdem die Zurückweisung des mythischen Imperativs, in welchem der Gesetzesverstoß Bestrafung bedeutet.

Benjamin lehnte moderne Formen von Industrie und neue Technologien nicht ab: Aber er wollte deren Effekte für neue revolutionäre Zwecke nutzen. Hierfür untersuchte er die Beziehung zwischen Technik und körperlichen Erfahrungen.

Eines dieser ästhetischen Erlebnisse, die Benjamin interessierten, war der Film – besonders die Montagefilme der russischen Regisseure Sergei Eisenstein und Dziga Wertov, wie *Panzerkreuzer Potemkin* (1925) und *Der Mann mit der Kamera* (1929).

Die Macht der Montage

Benjamin glaubte, dass Kameraeinstellungen und Montage – das rasche Schneiden und Multiplizieren der Bildsequenzen, Großaufnahmen, Zeitlupe – einen neuen Bewusstseinsbereich schaffen und durch ihren Schockeffekt Menschen dazu befähigen, sich selbst ihre technisch veränderte Erfahrungswelt vorzustellen.

Sichtbare Verfremdung

Der Filmschauspieler, den Benjamin als einen hervorragenden Künstler hervorhebt, war Charlie Chaplin.

Benjamin glaubte, dass Chaplin durch die mimetische Nachahmung des technologischen Fragmentierungseffektes mit dem menschlichen Körper einen sichtbaren Verfremdungseffekt ausführt, der das Publikum befähigt, den fragmentierten, unterdrückenden Charakter von Geschichte zu erkennen.

Zu der Albtraumwelt der Moderne mit ihrer industriellen und militärischen Technik fand Benjamin die entsprechend passende Traumwelt – in Hollywood. Benjamin verortete in den animierten Zeichentrickfilmen, wie Micky Maus, ein heftig wirkendes Gegenmittel gegen die in der Moderne unterdrückten Spannungen und Symptomatiken, wie Aggression und Trauma.

Benjamin glaubte, dass das kollektive Gelächter des Kino-Publikums, das sich die sadistischen und masochistischen Fantasien ansieht – die von Micky Maus und seinen Kameraden vorgeführt werden –, eben „deren natürliches und gefährliches Reifen in den Massen verhindern kann". Der Charakter der Figuren erlaubt das Ausleben von Gewalt in der Vorstellung und verhindert es so in der Realität.

Der Sturm des Fortschritts

Benjamin behauptete, dass die Geschichte des menschlichen Fortschritts durch den modernen technologischen Wandel, nun weit entfernt von einem utopischen Endzustand, letztendlich in der Zerstörung resultieren werde. Diese Ansicht teilte der Künstler **Paul Klee** (1879-1940), über dessen Gemälde „Angelus Novus" Benjamin schrieb:

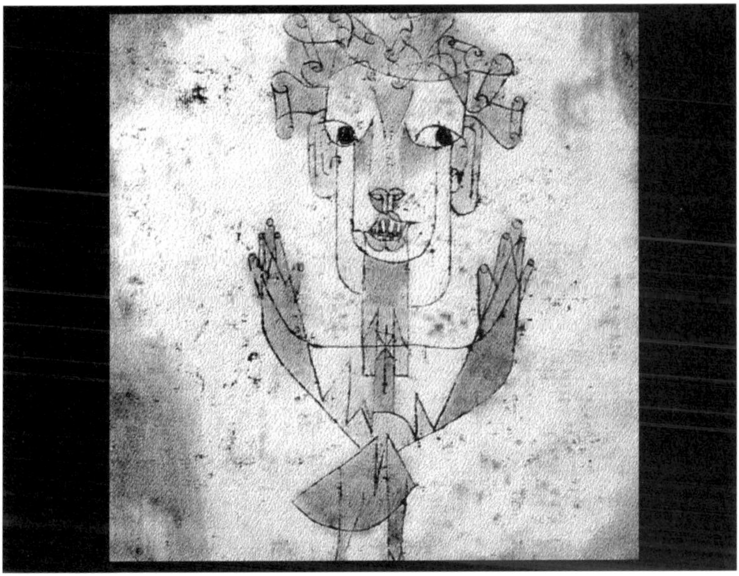

Es gibt ein Bild von Paul Klee, das „Angelus Novus" heißt. Ein Engel ist darauf dargestellt, der aussieht, als wäre er im Begriff, sich von etwas zu entfernen, worauf er starrt. Seine Augen sind aufgerissen, sein Mund steht offen und seine Flügel sind ausgespannt. Der Engel der Geschichte muss so aussehen. Er hat das Antlitz der Vergangenheit zugewendet. Wo eine Kette von Begebenheiten vor ***uns*** *erscheint, da sieht* ***er*** *eine einzige Katastrophe, die unablässig Trümmer auf Trümmer häuft und sie ihm vor die Füße schleudert. Er möchte wohl verweilen, die Toten wecken und das Zerschlagene zusammenfügen. Aber ein Sturm weht vom Paradiese her, der sich in seinen Flügeln verfangen hat und so stark ist, dass der Engel sie nicht mehr schließen kann. Dieser Sturm treibt ihn unaufhaltsam in die Zukunft, der er den Rücken kehrt, während der Trümmerhaufen vor ihm zum Himmel wächst. Das, was wir den Fortschritt nennen, ist dieser Sturm.*

Und schon wieder Nietzsche

Inzwischen übte Nietzsches Vision von der triebhaften dionysischen Energie in „Der Wille zur Macht" in den 1920ern und 1930ern einen starken Einfluss auf eine locker verbundene Gruppe Intellektueller und Sozialforscher aus. In dieser Gruppe befanden sich unter anderen Georges Bataille, Roger Caillois, Pierre Klossowski und Michel Leiris. Sie alle waren später an der Gründung des nur kurz bestehenden Collège de Sociologie (1937-1939) beteiligt.

Eine Philosophie der Ausgaben

Die westliche Gesellschaft wird von einer unterdrückenden Ideologie regiert, die **Georges Bataille** (1897-1962) als das buchhalterische Bilanzieren zwischen Einkommen und Ausgaben bezeichnet. Man stellt sich also vor, dass jede Art der Ausgabe oder Auslage, ob nun eine finanzielle oder emotionale oder eine der triebhaften Energie, kompensatorisch mit einem Einkommen gleicher Art ausgeglichen wird.

Bataille sagt, dass es diese Idee von einer Balance zwischen Einkommen und Ausgaben in bestimmten prämodernen und nicht-westlichen Kulturen nicht gegeben hatte.

Für die Azteken in Mexiko zum Beispiel, behauptete Bataille, war Ausgeben und Schwund wertiger als Produktion und Anhäufung.

Diese Philosophie der „Verausgabung" ohne die Notwendigkeit eines ausgleichenden Einkommens ist nach Bataille der Schlüssel, um zu verstehen, warum die Azteken die Sonne anbeteten und Menschenopfer darbrachten.

Bataille behauptete, dass die Azteken die Sonne als eine Quelle des endlosen Konsums und hemmungsloser Verschwendung betrachteten. Opfergaben und Krieg sollten Energie in ihre solare Flugbahn zurückgeben und eine Verbindung zum universellen Prinzip des Verlustes herstellen.

Die Fülle des Exzesses

Basierend auf der Untersuchung der aztekischen Rituale und religiösen Vorstellungen, setzt Bataille unbewusstes Verlangen mit dem Verfolgen von Extremen gleich als einen Weg, die subjektive Kontrolle abzugeben.

Solch eine Auffassung des Exzesses lässt sich an der Praxis Van Goghs, aus dem Fenster auf den blendenden Sonnenball zu starren, beispielhaft veranschaulichen. Van Goghs irrationales Verhalten wurde motiviert von einem eigenwilligen Drang nach einer Verbindung mit der solaren Ökonomie, die Lenkerin der Natur ist.

Fiktion und Realität in der Psychoanalyse

Batailles blutrünstige und extreme Ideen – eine geschmacklose Umkehrung des aufklärerischen Ideals von Rationalismus und der Selbstkontrolle – sind Teil seines Vorhabens, sich auch über die kleinsten Beschränkungen der Begierde hinwegzusetzen, die die bourgeoisen Zwänge und Übereinkünfte eigentlich vorschrieben.

Nach **Jacques Lacan** (1901-1981) würde das Individuum ohne irgendein System der symbolischen Ordnung, mit welchem es die Realität organisieren kann, aufhören zu existieren. **Slavoj Žižek** (geb. 1949) drückte dies folgendermaßen aus: „Fiktionen ordnen unsere Realität. Wenn man der Realität die symbolische Fiktion entzieht, welche sie reguliert, verliert man die Realität selbst."

Die Psychoanalyse lässt jedoch die Möglichkeit zu, dass das Subjekt auch seinen fiktionalen Status innerhalb der Realität erkennt. Das ist der finale Zweck der psychoanalytischen Behandlung.

Slavoj Žižek

Somit ist die Psychoanalyse das exakte Gegenteil des subjektiven Solipsismus (die Annahme, dass Selbst-Existenz der einzig beweisbare Teil der Realität ist), welcher im 17. Jahrhundert von Descartes propagiert wurde – in seiner berühmten Maxime: Cogito ergo sum („Ich denke, also bin ich").

„Ich selbst existiere nicht …"

In Anbetracht der grundsätzlichen Fragestellungen zur Realität und ob deren Existenz bewiesen werden kann, versuchte Descartes' Maxime die Existenz des (menschlichen) Geistes zu schützen – und zwar eines zweifelnden und skeptischen Verstandes, der über das Problem von Existenz und Realität überhaupt nachdenken kann.

Um darzustellen, was in die schockierende, aber zugleich befreiende Erfahrung der Erkenntnis unseres eigenen fiktionalen Status involviert ist, verweist Lacan in *Die Vier Grundbegriffe der Psychoanalyse* (1964) auf Holbeins Gemälde „Die Gesandten" (1533). Im Vordergrund des Gemäldes erhebt sich ein seltsam deformiertes Objekt oder auch ein „Fleck".

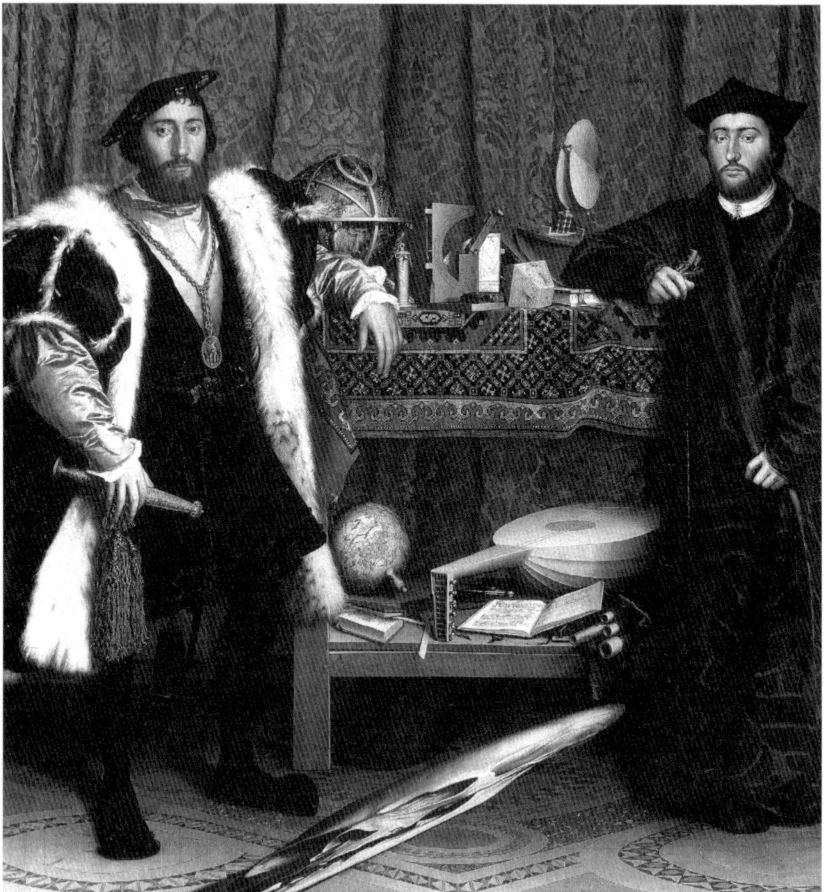

Von einem flachen Winkel unten von rechts nach links betrachtet, erkennt man in diesem Objekt einen Totenschädel. Diese Verzerrung in der Länge, die sich nur in einem bestimmten flachen Blickwinkel auflöst, nennt man (Längen-)Anamorphose (z.B. auf die Straße gemalte Verkehrszeichen).

Sobald aber das Bild des Schädels von der rechten Seite des Gemäldes aus erkannt werden kann, deformieren sich stattdessen die Gesandten und deren Besitztümer und lassen sich nicht mehr deutlich erkennen. Durch diesen anamorphischen Kunstgriff der Deformation erkennt das Subjekt – also der Betrachter –, dass die scheinbar ganze, bruchlose Welt der Gesandten in Wahrheit eine künstlich geschaffene Fiktion ist. Die Dreidimensionalität des Schädels lässt uns auch realisieren, dass der Glaube an die Welt der Lebenden (Gesandten) tatsächlich Teil einer kunstvoll gefertigten Fiktion ist.

Ursprünglich sollten „Die Gesandten" wohl die christliche Lehre von der Vergänglichkeit von materiellen Besitztümern vermitteln.

Das Erkennen der eigenen Blindheit wiederum lässt das Subjekt Entbehrung erfahren. Diese Erfahrung könnte nach Lacan ein Katalysator für die Veränderung sein.

Sartre: Existentialismus und Authentizität

Heidegger hatte in *Sein und Zeit* die These aufgestellt, dass die Essenz von dem, was es bedeutet, Mensch zu sein, in der Frage nach der Existenz liegt und der Wahl zwischen einer authentischen Form der Existenz und einer unauthentischen Form. Diese These traf einen Nerv bei **Jean-Paul Sartre** (1905-1980). Es ist, als wollten beide Philosophen auf das große Dilemma in Shakespeares Hamlet – „Sein oder nicht sein"– antworten. Sowohl Heidegger als auch Sartre übersetzten Hamlets Dilemma in die Frage:

Während das Sein für Heidegger in unserem geschichtlichen Werden als endliche Wesen besteht und im Treffen authentischer Entscheidungen auf dieses Ende hin, konzentriert sich die Frage nach dem Sein für Sartre auf Themen der Ethik und der Politik.

Der Ekel: das Chaos hinter der Sprache

Als Antwort auf Nietzsches Philosophie und die Schriften des russischen Autors Dostojewski über Nihilismus untersucht Sartres Roman *Der Ekel* (1938) die pessimistische Vorstellung, dass das Leben sinnlos ist, da Gott nicht existiert und es keine universellen Gesetze gibt, die die Existenz verwalten.

In Form eines Tagebuchs erzählt das Buch die Geschichte des 30-jährigen Historikers Antoine Roquentin, der für eine Biographie eines Marquis aus dem 18. Jahrhundert recherchiert, weil er sich dadurch eine Antwort erhofft auf die empfundene Sinnlosigkeit, die nur zufällige Existenz und den Ekel auf alles.

Roquentins Problem ist: Je mehr er über den Marquis erfährt, desto weniger kann er dessen Charakter und Motivationen verstehen, um dadurch vielleicht aus dessen Leben einen Sinn erschließen zu können. Das trägt schließlich dazu bei, dass Roquentin das Gefühl hat, den Draht zur Realität zu verlieren. Bis er schließlich ahnt, dass die Antwort nicht in anderen Existenzen zu finden ist, sondern nur bei sich selbst.

Roquentin erkennt, dass es keine „reale" Welt gibt außer der, die durch Sprache organisiert ist. Roquentin muss erschrocken feststellen, dass es ohne Sprache nur Chaos gibt. Der Existentialist **Albert Camus** (1913-1960) teilte diese Beschreibung der Welt als chaotische.

Trotz der Absurdität der Existenz, die in *Der Ekel* aufgedeckt wird, und des Glaubens, dass wir uns fortwährend falsche Geschichten über uns selbst erzählen, entwickelte Sartre eine Philosophie, die in einem zentralen Punkt von der Philosophie Camus abweicht: der **Entscheidungsfreiheit**.

Entscheidungsfreiheit

Sartres Auffassungen von Entscheidungsfreiheit zeigen sich in seinem ungewöhnlichen Statement: „Die Franzosen waren niemals so frei wie unter der Besatzung der Nazis." Hinter diesem provokativen Ausspruch steckt eine wichtige Bedeutung: Dass die Franzosen nämlich während der Besatzung erst akut auf das Thema Freiheit aufmerksam gemacht wurden und dass der Krieg die Lebensdilemmas und moralischen Entscheidungen in viel schärferer Form präsentierte als das normale Leben.

Für Sartre bedeutete Freiheit nicht schlicht Willensfreiheit oder Handlungsfreiheit, beispielsweise wie bei der Art von Freiheit, die man einem Gefangenen nimmt.

Sartre gibt das Beispiel einer moralischen Zwickmühle, das die Freiheit des Bewusstseins betrifft. Es handelt von einem Heranwachsenden zur Zeit der Besatzung. Dieser muss sich entscheiden, ob er für sein Land kämpft oder zu Hause bleibt und sich um seine gebrechliche Mutter kümmert. Sartre sagt, dass es letztlich die Entscheidung des Jungen bleibt; aber für was auch immer er sich entscheidet – er muss die Verantwortung dafür tragen. Daraus schließt Sartre in *Das Sein und das Nichts* (1943):

Für Sartre widersprechen solche frei getroffenen Urteile und Entscheidungen oftmals nicht nur den allgemein akzeptierten sozialen Werten und gewohnten Denkweisen, sondern sie versetzen den Menschen auch oft in schwierige Dilemmas und Widersprüche, für die es keine vorgefertigten Antworten gibt.

Den Schrecken mit Engagement bekämpfen

Sartre gibt zu, dass die Freiheit, selbst Entscheidungen zu treffen – ohne den Rückhalt vorgefertigter Vorstellungen und Werte –, furchteinflößend sein kann (deshalb sagt er, wir seien dazu *verdammt,* frei zu sein). Als eine Waffe gegen Angst und Schrecken empfiehlt Sartre das **Engagement** als den authentischen Weg, sein Leben zu führen. Mit dieser Überlegung im Kopf gründeten Sartre und seine Partnerin **Simone de Beauvoir** (1908-1986) im Jahre 1945 das literarische Magazin *Les Temps Modernes* („Moderne Zeiten"), benannt nach einem Charlie-Chaplin-Film aus dem Jahre 1936.

In *Les Temps Modernes* unterstützte Sartre aktiv den sowjetischen Kommunismus und begrüßte ihn als den progressiven Ausweg, der Frankreich aus seiner verzweifelten Lage in Wirtschaft und Politik befreien würde, in der das Land sich in der Nachkriegszeit befand. Sartre war sich wohl der Rechtlosigkeiten und der politischen Hinrichtungen unter Stalins Kommunismus in der Sowjetunion bewusst und kannte auch dessen deterministische Vorstellung, dass die Kontrolle der Wirtschaft der beste Weg zu sozialer und kultureller Emanzipation sei.

Sartre stellte seine Präferenz für den sowjetischen Kommunismus als das frei gefasste Urteil eines hartgesottenen Realisten dar, der die Verantwortung für eine schwere Entscheidung übernimmt.

Existentialismus und Marxismus

In seinem letzten bedeutenden philosophischen Werk, *Critique de la raison dialectique* (nicht ins Deutsche übersetzt), erklärt Sartre, dass der Existentialismus* den Marxismus und dessen deterministische Vorstellungen von der Ökonomie beleben könne, und zwar mit einer neuen Gewichtung von Handlung: *Uns selbst in der Situation verwirklichen, in der wir uns befinden.*

Hier kehrt Sartre zu einer diesem Thema gewidmeten Vorlesung zurück, die er im Jahre 1946 gehalten hatte – „Ist der Existentialismus ein Humanismus?“. Darin betont er, dass die Bedeutungswelt von uns geschaffen werden muss und dass die menschliche Freiheit auch immer das Sich-Abarbeiten an einem historischen Hintergrund bedeutet.

1968: Der Wendepunkt

Die Demonstrationen und Streiks der Gewerkschaften und Studenten in Paris 1968 (und vielen anderen Orten), heute etwas verkürzt zusammengefasst als Mai 68, markierten einen Wendepunkt in der Entwicklung der Kontinentalphilosophie. Diese Entwicklung ging einher mit dem Aufstieg einer neuen Philosophen-Generation, die man heute auch Poststrukturalisten* oder postmoderne Denker* nennt. Zu dieser Gruppe von Philosophen gehören unter anderem:

Unter ihren Mentoren in Frankreich befanden sich herausragende Persönlichkeiten wie Georges Bataille, Jean-Paul Sartre, Alexandre Kojève, Jacques Lacan, Roland Barthes, Paul Ricoeur, Maurice Blanchot und Claude Lévi-Strauss.

In den 1970er Jahren setzten sich diese neuen Philosophen in der Kontinentalphilosophie durch und bestimmen seitdem deren Verlauf.

Eine Absage an feststehende Bedeutungen

Politisch gesehen ließ sich die Mehrzahl dieser Philosophen den diversen Fraktionen der radikalen Linken zuordnen und sie sympathisierten daher auch mit dem politischen Aufstand in Frankreich im Jahre 1968.

Die zentralen politischen Themen wie Demokratie, Regierung, Macht, Produktion, das Subjekt und dessen Wandel wurden ausnahmslos immer infrage gestellt, man lehnte festgezurrte Bedeutungen, etablierte Annahmen und fremdbestimmte Identitäten entschieden ab.

Die Position des Psychoanalytikers Jacques Lacan zum Mai 1968 zeigt, dass einige der radikalen Intellektuellen den studentischen Forderungen aber auch kritisch gegenüberstanden.

Lacan spürte, dass dem Verlangen der Studenten nach Veränderung die naive Vorstellung zugrunde lag, dass Freiheit bedeutet, das tun zu können, was man möchte. Somit hoben sie Spaß und Vergnügen auf das Level eines autoritären Imperativs. Ähnlich kritischer Art kommentierte Slavoj Žižek, dass die hedonistischen Tendenzen der 1968er-Generation dazu beigetragen hätten, den Weg zu der konsumbestimmten Kultur des Westens im späten 20. Jahrhundert zu ebnen.

Der Zusammenbruch der Ideologien

Die Werke dieser Philosophen, die um den Mai 68 und dessen Nachbeben nach vorne kamen, entstanden zeitlich parallel zum Zusammenbruch der wesentlichen politischen Ideologien und Glaubensbekenntnisse, die während der letzten Jahrzehnte des 20. Jahrhunderts im Westen wie im kommunistischen Block den Ton angaben. Im Westen wurde weitestgehend die Idee entzaubert, dass der Kapitalismus Wohlstand schafft, von dem alle profitieren könnten.

Mit der Restauration des Kapitalismus in China im Jahre 1976 endete die erste Welle der sozialistischen Revolutionen und Gesellschaften – die ihren Ausgang genommen hatte mit der kurzlebigen Pariser Kommune von 1871 und der Russischen Revolution von 1917.

Für unsere heutige Ära kann Slavoj Žižek verkünden, dass „es viel einfacher ist, sich das Ende alles Lebens auf der Erde vorzustellen – zum Beispiel durch den Klimawandel, einen Atomkrieg oder unberechenbare Asteroide –, als einen viel bescheideneren, radikalen Wandel im Kapitalismus". Philosophen wie Žižek und **Alain Badiou** (geb. 1937) sind trotzdem überzeugt, dass das kommunistische Projekt immer noch eine realisierbare politische Option sei.

Beide Philosophen sind sich darüber einig, dass in den Ein-Parteien-Staaten Russland und China der Kommunismus zu Formen des Autoritarismus entartet ist, gekennzeichnet durch polizeiliche Unterdrückung und durch interne bürokratische Verkrustung.

Alain Badiou

Ereignisse kommen zustande

Badiou glaubt, dass die Politik der Emanzipation nur „durch ein vollkommen unerwartetes Ereignis des reinen Wandels" zustande kommen kann, welches das Verständnis innerhalb jeglicher bereits vorhandener Begriffe übersteigt. Für Badiou liegt einzig in einem solchen Ereignis die Wahrheit. Dieses ist jedoch keinesfalls transzendental oder metaphysisch. Es ähnelt eher gewöhnlichen Beschreibungen von Massenbewegungen, bei welchen die Masse selbst als eben eine Masse dargestellt wird, aber keines ihrer einzelnen Elemente im Besonderen in Erscheinung tritt. Badiou schreibt diesen unerwarteten Ereignissen verschiedene Massenbewegungen zu: die Französische Revolution, der Mai 1968 und die Arbeiterbewegungen.

Was auch immer seine eigentliche Form ist – das Ereignis hinterlässt ein Vermächtnis oder eine „Spur" für die zukünftige Emanzipationsarbeit.

Die „Spur" des Kommunismus

Das fortwährende Auftauchen des Namen „Kommunismus" zeigt eine hartnäckige Beständigkeit dieser sozialen Organisation, die die kapitalistische Ideologie doch eigentlich ausgeschlossen hatte.

In dieser Hinsicht ist der Name Kommunismus selbst für vielfache Situationen „transitiv" (teilweise deckungsgleich) und funktioniert als allgemeiner Bezugspunkt bei den Situationen im Paris der 1870er Jahre, Russland der 1920er Jahre und China der 1950er bis 1970er Jahre. Dennoch waren die Probleme, mit denen die einzelnen Epochen zu kämpfen hatten, auch deutlich unterschieden.

Das Problem der Kommunisten zu Beginn war es, ein erstes Programm zu formulieren. Das Problem der Bolschewisten bis zur Periode der Maoisten war es, eine Form der Organisation zu entwickeln, die es schaffen würde, das kommunistische Projekt trotz der widrigen Umstände am Leben zu erhalten. Das Problem der Gegenwart ist wieder die Organisation, aber diesmal mit klarer Absage an die Organisationsform „Partei".

„Was könnte das mit sich bringen? Experimentell könnten wir uns vorstellen, einen Punkt zu finden, der außerhalb der Zeitlichkeit der herrschenden Ordnung und der kapitalistischen Huldigung des Reichtums stehen würde." (Badiou, „Die kommunistische Hypothese")

Lyotard: Die Frage nach dem Wissen

Für **Jean-François Lyotard** (1924-1998) resultierten die Entwicklungen in den politischen Ideologien und den Produktionsweisen der zweiten Hälfte des 20. Jahrhunderts in einem anwachsenden Gefühl von sozialer und politischer Entfremdung. Gleichzeitig rief dieser Wandel wachsende Skepsis gegenüber der eigentlichen Idee von sozialem Fortschritt hervor: als ein utopisches Unternehmen ohne Konflikte.

Traditionell wird Wissen mit Macht gleichgesetzt. Für Lyotard ist die gegenwärtige Politik jedoch nicht einfach eine Sache der Demokratie, die darin besteht, den Zugang zu Wissen zu öffnen und soziale Partizipation und soziales Bewusstsein zu erweitern.

Genau wie Kant misstraut Lyotard der Idee, dass Wissen auch bedeutet, dass man *weiß, was man tun oder denken soll,* oder dass man dadurch eine wahre Darstellung der Machtverhältnisse geliefert bekommt.

Lyotard glaubt, dass es notwendig ist, Kants kritische Philosophie zu erneuern. So sollte die postmoderne Situation, in der wir heute leben, besser charakterisiert werden, auch in Bezug auf die Frage nach Wissen.

Ein Überangebot von Informationen

Lyotard pflichtet Kant bei, wenn dieser in der *„Kritik der reinen Vernunft"* schreibt, dass Wissen viel mehr eine Synthese mit dem Unbekannten als eine Erweiterung dessen sei, was bereits bekannt ist. Heute zeigt sich das im Konflikt um die Grenzen unserer eigenen kognitiven Kapazitäten, um die Totalität der Informationen auf der Welt zu verstehen und einzuordnen.

Diese Erfahrung ist vergleichbar mit der schmerzhaften Erfahrung des Erhabenen – wie sie von Kant beschrieben wird –, die aus dem Gefühl des Überwältigtseins entsteht.

Die Grenzen des Verstandes

Kant beschreibt aber auch ein Gefühl der Befriedigung, das mit dem Erhabenen verbunden ist: die Erfahrung der Freiheit. Lyotard ist derselben Ansicht: Freiheit ist die schmerzhafte, aber auch befriedigende Erfahrung, die wir machen, wenn wir die Grenzen unseres Verstandes erkennen und akzeptieren, dass Wissen keine Frage der Kontrolle ist.

Für Lyotard ist postmoderne Kunst lediglich eine Rückkehr zur modernistischen Kunst, da beide von der letztlich offenen Frage motiviert werden: „Was ist Kunst?" Lyotards Ansicht nach wird diese Form des spekulativen Fragens und Denkens in den Werken des Essayisten Montaigne, der Novellisten Proust und Joyce und der Künstler Malevich, Duchamp und Barnett Newman beispielhaft veranschaulicht.

Rancière und die ungehörte Stimme

Für den Philosophen **Jacques Rancière** (geb. 1940) warfen die Ereignisse des Jahres 1968 die philosophische und politische Frage nach der Bedeutung von Demokratie auf.

Per definitionem: Alle, die marginalisiert sind, haben keine Stimme darin. Beispiele einer solchen Exklusion sind die Frauen, bevor ihnen das Wahlrecht zugesprochen wurde, oder die Studenten der 1968er, die die Wiederherstellung von „Liberté, Egalité und Fraternité" forderten. In einem Wortspiel bezeichnet Rancière solche ausgeschlossenen Gruppierungen als „der Anteil, der keinen Anteil hat".

In der Politik geht es daher für Rancière darum, sichtbar zu werden und mitreden zu können. Daher stellt es die Grenzen, die die Gemeinschaft limitieren, letztlich infrage, wenn man die ungehörte Stimme der Anteillosen hört. Für Rancière bezeichnet der Begriff „Politik" immer schon einen revolutionären Prozess.

So lautete auch eine der Parolen der 1968er Studentenbewegung: „Wir sind alle Juden." Für Rancière müssen diejenigen „innerhalb" der Gemeinschaft über die Lage der Anteillosen definiert werden.

Derrida: Die Metaphysik der Präsenz

Die statischen und festgefahrenen Vorstellungen von Gemeinschaft zu überwinden – als ein Weg, sich mit der Idee von Gemeinschaft zu befassen –, bildet den Kern des philosophischen Projekts von **Jacques Derrida** (1930-2004). Derridas Schriften über dieses Thema wurden von zwei Faktoren beeinflusst: Erstens, durch die weiterexistierende Problematik und das Vermächtnis der Metaphysik und zweitens durch die Thematik von Sprache und Schrift als das Medium, durch welches das Denken entsteht.

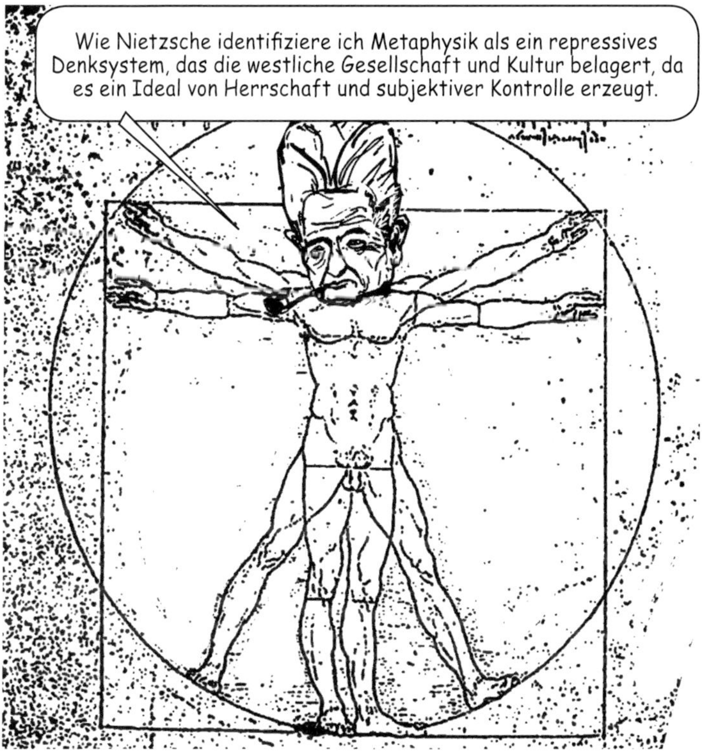

Derrida nannte dieses System „die Metaphysik der Präsenz". Das ist ein komplexes System aus Grundannahmen, die sich fest in unserem Denken verwurzelt haben. Er verweist damit auf eine Sehnsucht nach Bewusstsein, immanenter Einheit und Sein, die der Fantasie, alles unter Kontrolle zu haben, zu Grunde liegt. Dieses Moment, das alles erklärbar und kontrollierbar machen soll, indem es durch seine Anwesenheit den Dingen eben diese Einheit verschafft, nennt Derrida **Präsenz.**

Saussures grenzenlose Bedeutungen

Der zweite Faktor, der Derrida dabei half, die Metaphysik der Präsenz theoretisch zu bekämpfen, waren die Theorien des Schweizer Linguisten Ferdinand de Saussure (1857-1913). Saussure betonte die vielfältige und letztlich grenzenlose Natur von Sinn und Bedeutung. Er stellte fest, dass Wörter keine intrinsische Bedeutung haben und dass es keinen immanenten Grund gibt, warum ein Huhn nun ausgerechnet Huhn heißt oder warum überhaupt irgendetwas so und nicht anders genannt wird.

Bedeutung hangelt sich kontinuierlich an einer endlosen Bedeutungskette entlang. Die Analogie ist folgende: Jemand schlägt ein Wort in einem Wörterbuch nach und erfährt, dass man dessen Definition nur versteht, wenn man die Bedeutung der Definition nachschlägt und so weiter – ein Prozess, der potenziell unendlich weitergehen kann.

Dekonstruktion

Gegen die Vorstellung von Originalität und Bewusstheit von Autoren – die nur die Imagination von Präsenz unterstützen würde – eignet sich Derrida einen intertextuellen Zugang zur Philosophie an, und zwar im kritischen Wieder-Lesen von kanonischen Texten, unter anderem von Platon, Descartes, Hegel, Kant, Freud, Marx, Saussure, Benjamin, Lévi-Strauss und Heidegger.

Das Wort „Dekonstruktion" enthält in sich eine Vorstellung von Konstruktion und indiziert gleichzeitig, dass Vorstellungen auseinandergenommen und überprüft werden – eben de-konstruiert und neu konstruiert.

Derrida, der Jongleur

Derridas eigene Schreibstrategie bestand in dem Einsatz von Wortspielen, Doppeldeutigkeiten und etymologischen Doppelbödigkeiten. Dabei unterstreicht er Saussures Theorie, dass der Bezeichner (Signifikant) selbst keine intrinsische Bedeutung hat. Ein Bewunderer sagte über Derridas Schreibstil:

„Derrida, ein geschickter Jongleur, wirft immer mehrere Thesen gleichzeitig in die Luft, so dass der Leser kaum glauben kann, dass er sie wieder aufzufangen vermag. Aber sie kehren immer wieder in seine Hände zurück, außer der Jongleur möchte, dass sie davonfliegen und eine eigenständige Konstellation bilden." (David Farell Krell, *Nietzsche and Phenomenology*)

Wie Nietzsche, Heidegger und Benjamin bezieht sich auch Derrida in seinem Werk durchgehend auf die Frage nach dem Ende der Metaphysik. Im Besonderen fragt er sich, wie diese philosophisch gestellt werden kann, ohne in die Falle zu tappen, voraussagen zu wollen, was die Zukunft nach der Metaphysik bringen wird. Das wäre nämlich letztendlich selbst wieder Metaphysik. Als einen ersten Schritt in diese Richtung unterscheidet Derrida zwischen zwei Typen von Zukunft:

Nach Derrida ist die zukünftige Zeit „die wahre Zukunft", obwohl sie per definitionem „unberechenbar" ist. Das, was tatsächlich kommt, ist nicht vorhersehbar.

Im Falle dieser zukünftigen Zeit (avenir) lautet Derridas Strategie, immer die Bedeutung zurückzustellen. Auf diese Weise gibt Derrida nicht vor, aus der Metaphysik herauszutreten oder sie gar zu überwinden, selbst wenn er an ihrer Überwindung als einer offenen Möglichkeit festhält. In diesem Sinne besteht seine Philosophie aus einer Serie von unlösbaren Fragen:

„Peut-être" - Kann sein

Derrida geht den Antworten nicht unbedingt aus dem Weg, wenn er Fragen stellt und deren Antwort gleichzeitig hinauszögert. „Vielleicht" ist eines von Derridas Lieblingswörtern. Man bedenke, im Französischen kombiniert „vielleicht" (peut-être) die Wörter Vermögen/Macht (pouvoir) und Sein (être).

Gedanken über Freundschaft

Als ein Weg, sich an das Thema einer freien Gemeinschaft oder Gesellschaft heranzumachen, widmet sich Derrida zunächst dem Thema Freundschaft (fraternité) in der Philosophie und im Denken des Westens.

Frühere Schriften über dieses Thema, unter anderem von Platon, Aristoteles, Cicero, Montaigne, Kant und Carl Schmitt, sind sich weitgehend darin einig, dass es Freundschaft nicht geben kann.

Alternativ wird Freundschaft im westlichen philosophischen Kanon als eine geschlossene, zusammengehörige Gemeinschaft gesehen, eine Bruderschaft oder eine Brüderschaft unter Männern, die aber immer die anderen (l'autre), wie etwa Frauen und Marginalisierte, ausschließt.

Derrida antwortet diesen metaphysischen Definitionen mit der Frage:

„Ist es möglich, eine Demokratie zu denken und zu leben, die ihren alten Namen ‚Demokratie' beibehält und gleichzeitig all das entwurzelt, was alle Formen der Freundschaft (ob nun philosophisch oder religiös) für sie in Gestalt der Brüderschaft festsetzen, was heißt, in Form von Familie oder eines Männer-zentrierten Ethos?"

Zurück zu Nietzsche

Ganz in Derridas Manier artikulieren diese Fragen sowohl das Problem als auch die offensichtlichen Grenzen des westlichen metaphysischen Denkens. Derrida vertraut darauf, Fragen zu stellen, in der Hoffnung, diese Fragen könnten – vielleicht (peut-être) – zum Ende der Metaphysik beitragen. In diesem Sinne steht Derridas Methode des Fragens im Einklang mit Nietzsche, der in seinem Buch *Jenseits von Gut und Böse* (1886) die Rolle der Philosophen und deren Neigung problematisiert, sich ihrer Ideen und Werte allzu schnell gewiss zu sein.

In Anbetracht seiner bestimmten und dennoch mehrdeutigen Schlussfolgerung folgert Nietzsche weiter:

Somit ist für Nietzsche und Derrida die Frage nach der künftigen Gemeinschaft, die jenseits der Metaphysik existieren könnte, auch eine Frage nach der kommenden Gemeinschaft von Philosophen und des freien Denkens, das sie verkörpern.

Phallogozentrismus

Derrida sah die Metaphysik der Präsenz und die Fantasievorstellung, Kontrolle über die Bedeutung zu haben, als Pendant zum Patriarchat mit dessen überkommenen Vorstellungen von der maskulinen Kontrolle über das Feminine.

„Phal" ist die Verkürzung von phallus, während „logos" der griechische Ausdruck für die Prinzipien von Verstand und Rhetorik ist.

Derridas Analyse des Patriarchats vorwegnehmend schreibt die französische Feministin Simone de Beauvoir im Jahre 1949, dass „die Menschheit männlich ist und der Mann die Frau nicht durch sie selbst, sondern in Verbindung zu ihm definiert". *(Das andere Geschlecht)*

Nachfolgende feministische DenkerInnen stellten de Beauvoirs Ideen einer femininen Macht in Frage. Nach ihnen führt nämlich de Beauvoir die patriarchale Logik der Identität fort, die auf der „Präsenz" basiert. Nur jetzt würden die Frauen, zuvor negativ definiert, eine „positive" und durchsetzungsfähige Position einnehmen.

Frau braucht das nicht

Luce Irigaray (geb. 1930) zufolge besitzt eine Frau weder eine Identität, noch kann es ihr an einer mangeln: Sie geht über das dualistische Denken der Metaphysik hinaus. Einer Frau kann es daran nicht mangeln, weil sie sich selbst nicht auf die fantasierte Totalität der männlichen Subjektivität bezieht; sie existiert außerhalb dieser Logik und folgt ihrem Verlangen, wohin und wie es sie führt.

In ihrem treffend betitelten Buch *Das Geschlecht, das nicht eins ist* (1977) spricht Irigaray von einem weiblichen Diskurs des Verlangens, der die patriarchale Betonung des Visuellen und des Sehens kontert.

„Ihre Worte sind widersprüchlich, etwas verrückt vom Standpunkt der Vernunft aus betrachtet. Man muss ihr mit einem anderen Ohr zuhören, als wenn man eine andere Bedeutung hört, immer dabei, sich einzuspinnen, sich mit Worten zu umarmen, aber auch um die Worte loszuwerden."

Genuss (jouissance)

Jouissance (Genuss) ist einer der vielen Namen für das weibliche (also nicht patriarchale) Verlangen – ein Wort, bei dem im Französischen sowohl Genuss als auch Freude, Orgasmus und die Zersplitterung des Selbst mitklingen.

Julia Kristeva (geb. 1941) gebraucht diesen Begriff so, dass er alle diese Bedeutungen umfasst, und bezeichnet damit eine Erfahrung des subjektiven „Verlustes", eine erhabene Verschmelzung von Schmerz und Freude.

Kristeva ortet die Quelle der jouissance in der empfindungsprägenden kindlichen Erfahrung im Mutterleib und in der Mutter-Kind-Beziehung und erst nachrangig in der entzweienden Einführung in die Sprache und die patriarchale Identität, in Form des Ödipuskomplexes – wie es Freud nannte – und dem Gesetz des Vaters.

Der Mutterleib ist ein erdrückendes, tanzendes Behältnis. Ich benutze das Wort *chora*, eine griechische Bezeichnung, die sich sowohl auf den Mutterleib als auch auf einen populären Tanz bezieht, der auf den öffentlichen Plätzen der Stadt aufgeführt wird.

Eine Lücke in der Darstellung

Kristeva glaubt, dass bestimmte Formen der Psychose, wie Depressionen und Melancholie, eine Lücke in der Identität aufdecken, die der Repräsentation nicht zugänglich ist.

Kristeva beobachtet in den Werken von Schriftstellern wie Stéphane Mallarmé (1842-1898), bei dem man sich seine Bedeutung durch den elliptischen (Auslassungen) Erzählstil erschließt, dass der Effekt in erster Linie ästhetisch und emotional ist.

Solches Schreiben, das Kristeva „semiotisch" nennt, übersteigt die symbolische Repräsentation (wo dieses genau jenes bedeutet) und auch die Erzählweisen, mit denen ein Traum normalerweise interpretiert wird. „Ein Gedicht von Mallarmé stellt einen ‚Traum' in einem unfertigen oder unpolierten Zustand dar, als ob wir selbst der Träumer wären und die Einzelteile extrem fragmentiert sehen würden. Außerdem gibt es keine Bilder, nur den Klang und eine Reihe semantischer und lexikalischer Beziehungen."

Als praktizierende Psychoanalytikerin glaubt Kristeva, dass die gegenwärtige Identitätskrise heutzutage viel expliziter im Patientendiskurs auftritt als noch zu Freuds Zeiten. Durch die Behandlung der Psychose in ihren verschiedenen depressiven Stadien findet Kristeva heraus, dass die Träume der Patienten den fragmentarischen Gedichten Mallarmés sehr nahe kommen.

Das Subjekt als Produzent

Während der Jahrzehnte, die auf 1968 folgten, analysierte **Foucault** die sozio-politische Herausbildung des Subjekts in Abhängigkeit von den Annahmen und Vorstellungen über seine Möglichkeiten, Güter und Reichtum zu produzieren. Im Gegensatz zu Marx existiert das produzierende Subjekt in Foucaults Schriften nicht *a priori,* sodass es von Macht beeinflusst und dominiert werden kann, sondern ist eher *durch* die Kräfte der Macht – in ihren vielfältigen Formen – selbst konstituiert.

Das Private und das Politische

Foucault beobachtete, dass sich seit dem 18. Jahrhundert und mit dem Aufstieg des Kapitalismus im Westen neue Konzepte und Handlungsfelder der politischen Macht entwickelt hatten, die die ursprünglichen Vorstellungen aus klassischen Zeiten ersetzten. In der Antike gab es die Unterscheidung zwischen der privaten Existenz eines Menschen im eigenen Zuhause und seiner Existenz in der politischen Sphäre (der griechischen *polis*).

Produzenten produzieren

Im 19. Jahrhundert behauptete Marx, dass die Machtbeziehungen in der Gesellschaft sich aufteilen in die von **Herrschaft** und **Unterwerfung**, da dadurch die politischen und ökonomischen Beziehungen zwischen den kapitalistischen Bossen und den Arbeitern geformt werden. Dagegen glaubte Foucault, dass Marx' Analyse der Machtbeziehungen im Kapitalismus zu kurz griff.

Wenn wir heute von Macht sprechen, geht es nicht um das Managen der **Arbeitszeit**, sondern um das Managen der **Lebenszeit**.

Bio-Macht: multiple Kräfte der Macht

Foucault sieht Macht nicht einfach als etwas top-down von den Bossen auf die Arbeiter Gerichtetes, sondern als etwas, das viel umfassender jede soziale Beziehung durchdringt: die zwischen Mann und Frau, Lehrer und Schüler, Arzt und Patient, Unternehmer und Arbeiter.

Außerdem wird jeder Aspekt dieser Beziehungen nicht nur vom Gesetz kontrolliert, sondern auch durch einen facettenreichen Satz von Prozessen (Foucault gebrauchte hier den Begriff „Kräfte"). Dazu gehören z. B. das Ressourcenmanagement, institutionelle Regulierung durch Arbeitsroutine und Zeitplanung, die Überwachung der Lebensbedingungen zu Hause, am Arbeitsplatz und in der Umwelt (besonders durch empirische und statistische Studien) und die Aufrechterhaltung von individueller und kollektiver Fürsorge.

Foucault merkt an, dass die Bio-Politik in der postmodernen Ära zunehmend von einer **Logik der Sicherheit** gelenkt wird, weniger von der **Logik der Disziplin**, die von der feudalen bis zur modernen Ära bestimmend war.

Segregation verfuhr auf der Basis eines feststehenden Normen Modells, das bestimmt, was verboten und was erlaubt, was normal und was abnormal ist

Überwachung für Normalität

Die Sicherheitslogik bringt neue Verfahren und neues Wissen mit sich – zum Beispiel, wie man Krankheiten mit Impfungen behandelt und Verbrechen durch Datenkennung aufklärt. Diese neuen Methoden zielen auf die gesamte Bevölkerung ab – ohne Segregation. Durch Statistiken kann eine subtilere, differenzierte Kartographie von Normalität entwickelt werden, indem man Risikoeinschätzungen für alle Altersgruppen, Berufsgruppen, Städte und Stadtteile ermittelt.

Foucaults Vorstellungen des Subjekts als eine bloße Nummer innerhalb multipler Prozesse der statistischen Überwachung schlagen einen ziemlich düsteren Ton an. Er wies aber auch immer wieder darauf hin, dass es keine vorher ausgedachte Vorgehensweise oder einen Generalstabsplan für ein solches „System" gibt.

Das System mag zwar paranoid und produktivitätsbesessen sein, aber letztlich ist es ein fließender Prozess, der sich selber macht und sich deshalb auch selber zerstören kann.

Der Terroristenstaat

Dennoch hat die Logik der Sicherheit heute trotz Foucaults vorsichtigem Optimismus in den sogenannten Demokratien des Westens eine neue, totalitaristische Richtung eingeschlagen. Der italienische Philosoph **Giorgio Agamben** (geb. 1942) hat sich der Untersuchung dieser neuen Entwicklung gewidmet. Er glaubt, dass die Identifikation eines „terroristischen" Feindes, wie sie nach dem Anschlag von 9/11 vorgenommen wurde, zum Dreh- und Angelpunkt einer Ideologie geworden ist, die behauptet, der US-Staat hätte das Recht, seine *eigenen* Bürger zu terrorisieren.

Amerikas Camp Delta an der Guantánamo Bay liegt außerhalb des Gesetzes und ist gleichzeitig der Ort, an dem die gewalttätige Ausrichtung des Gesetzes durch Schikanierung und Folter am deutlichsten sichtbar wird.

Die Trennung von Gewalt und Gesetz

Agambens eigenes Anliegen ist es, die Verbindung von Gewalt und Unterdrückung und dem Gesetz aufzulösen. Für Agamben ist Gewalt nicht die Essenz des Gesetzes, da es gar keine „Essenz" des Gesetzes oder – mehr noch – irgendeines Dinges gibt. Wie Walter Benjamin distanziert sich Agamben von den klassischen Mythen, die das Gesetz notwendig an Strafe und Gewalt knüpfen:

Die Macht der Sprache

Bei seinem Versuch, dem Gesetz eine neue Wertigkeit zu geben, wendet sich Agamben dem Werk des Holocaust-Überlebenden **Primo Levi** (1919-1987) zu, der über seine Erfahrungen im Konzentrationslager Ausschwitz schrieb. Agamben sagte über Levi: „Er ist der Einzige, der aufbricht, um an Stelle der *Muselmänner* Zeugnis abzulegen, den Untergegangenen, denen, die zerstört wurden und den tiefsten Punkt des Abgrunds berührt hatten."

Der Name *Muselmann* (im Wortsinn „Muslim") wurde denjenigen Bewohnern des Lagers gegeben, die wegen ihrer brutalen Behandlung aufgehört hatten, auf ihre Umwelt zu reagieren. Der *Muselmann* hatte den Punkt erreicht, den Agamben „bloßes Leben" nennt, oder eine tierische Existenz, die von der Macht der Sprache abgetrennt ist.

Levis Schriften sind sprachliche Zeugen einer Erfahrung, die er selbst nicht hatte und nicht haben konnte: die Erfahrung, einer Sprache völlig zu entbehren. Für Agamben offenbart das gleichzeitig etwas Wichtiges über die Beziehung zwischen der menschlichen Sprache und politischer Macht.

Levi tritt als ein Zeuge auf, der der gewalttätigen Macht des Gesetzes entgegentritt und ihr widersteht. Aber noch mehr: Insofern seine Schriften reflektieren, wie es ist, ohne Sprache zu sein, zeigen sie, dass Sprache genau an den Kanten der instabilen Grenzen zwischen Mensch und Nicht-Mensch existiert.

„Als ob nicht"

Anstatt Anwalt einer neuen Weltordnung oder eines möglichen zukünftigen Zustandes zu sein, ist Agamben eher daran interessiert, die alte Identität oder das alte System außer Kraft zu setzen oder vorübergehend stillzulegen, und zwar in Gestalt des „als ob nicht", um zu sehen, was daraus entsteht.

Der Schlüsselbegriff für Agamben ist hier *katargesis*, welchen Paulus in seinen Briefen als die „Erfüllung" des Gesetzes durch die Wiederankunft des Messias beschreibt.

Weder im Himmel noch in der Hölle

Agambens Interpretation des Schicksals der ungetauften Seelen in der christlichen Theologie bietet ein anderes Beispiel, wie eine Aktivität, die auf ein bestimmtes Ziel gerichtet ist, funktionsunfähig gemacht werden kann, um sie für eine neue Funktion zu öffnen.

Nach Agamben ergibt sich daraus die Konsequenz, dass diese Seelen unwiderruflich verloren sind – doch genau das lässt sie ohne Schmerz und Leid in einer göttlichen Verlassenheit fortbestehen.

„Ich möchte lieber nicht"

Agambens Vorstellung dieser Stilllegung des Funktionierens wird in Herman Melvilles Geschichte *„Bartleby, der Schreiber"* (1853) illustriert. Die Geschichte handelt von einem Beamten, der eine Stelle als Schreiber in einer Rechtsanwaltskanzlei annimmt. An seinem dritten Tag, als sein Arbeitgeber ihn bittet, die Kopie eines Dokuments mit seinem Original zu vergleichen, antwortet Bartleby: „Ich möchte lieber nicht."

Die Orientierungslosigkeit, die diese Verweigerung hervorruft, ist so tiefgreifend, dass sein Arbeitgeber letztlich beschließt, in ein anderes Büro umzuziehen, um sich von seinem Schreiber zu befreien.

Das schwarze Loch der Bourgeoisie

Agambens Vorstellung einer radikalen Politik, die dazu führt, was er als „die kommende Gemeinschaft" bezeichnet, liegt in den Widersprüchen, die die Entwicklung des heutigen Subjekts umgeben. Agamben behauptet, dass es keine sozialen Klassen mehr gibt – nur noch ein einziges planetarisches Kleinbürgertum, in dem sämtliche Klassen aufgegangen sind. Erschreckend ist für ihn der Nihilismus, dem sich diese Klasse hingegeben hat – besonders durch ihre Verweigerung einer erkennbaren sozialen Identität oder eines authentischen Diskurses, durch den sie Macht für sich beanspruchen könnte.

Agamben: „Das, was die Echtheit und Falschheit der Leute und Generationen ausmachte, die einander auf dieser Erde folgten – die Unterschiede der Sprache, der Dialekte, der Charaktere, der Gewohnheiten und selbst der physischen Beschaffenheit jeder einzelnen Person –, hat [im Kleinbürgertum] all seine Bedeutung und jede Kapazität an Ausdruck und Kommunikation verloren."

Und dennoch glaubt Agamben, dass es einen Faktor gibt, der sich dem Griff des Kleinbürgertums entzieht und Anerkennung fordert – der Tod. Dieser zeigt:

Die Alterität des Todes

Dennoch lässt uns Agamben die Hoffnung, dass das Kleinbürgertum im Angesicht des Todes – was für jeden eine einzigartige „Erfahrung" von Alterität* darstellt, nicht mitteilbar und unbekannt bleibend – seinen Abstieg in eine homogene Identität aufgeben könnte.

So vereint Agambens Philosophie **Singularität** – der Tod und die Erfahrung der Alterität – und **Universalität** – eine Gemeinschaft, die ihren Sinn für Alterität teilt.

* das Andere, als das Andere von Zweien, die gleichartig und zugeordnet sind.

Sprache auf Stufe Null

Agambens philosophisches Vorgehen unterscheidet sich sehr deutlich von dem Jacques Derridas. Für Derrida ist Identität niemals ganz identisch mit sich selbst – absolute Einheit oder Bewusstsein (seiner selbst) ist eine Fantasie. Als Konsequenz unterwerfen sich Sprache und Bedeutung einem konstanten und unendlichen Prozess, der Bedeutung immer weiter verschiebt und hintenanstellt. Für Agamben dagegen zeigen Primo Levis Werk und Melvilles Geschichte „Bartleby", dass Sprache auf der „Stufe Null" existieren kann.

Derrida ersinnt sich eine zukünftige Zeit jenseits der Metaphysik, als eine unvermeidliche, noch hinausgeschobene und noch unbekannte Aussicht. Nach Agamben benutzt, verengt, unterspült und annulliert die künftige Zeit – oder die „messianische" Zeit, ein jüdischer, theologischer Ausdruck für die Zeit, die der Ankunft des Messias folgt – die lineare, chronologische Zeit um deren Ende vorzubereiten.

Agamben beschreibt die Vorbereitung auf das Ende der Zeit mit dem Bild eines Tieres, das sich sammelt, bevor es zuschlägt.

Deleuze: „Schizoanalyse"

Ganz in der Manier von Kants *Kritik der Urteilskraft*, in der untersucht wurde, wie sich die Erfahrung der Alterität (also die Synthese mit dem Unbekannten) anfühlt und wahrgenommen wird, entwickelte **Gilles Deleuze** (1925-1995) eine radikale Art der Philosophie, die er als „Schizoanalyse" bezeichnete. Deleuze bekämpfte vorher verfasste Vorstellungen von Subjektivität, indem er dem Unbewussten den Vorrang gab – als die primäre Quelle von psychischem Verlangen und Inszenierung. Durch sein Werk führte ihn eine enorme Bandbreite an literarischen, filmischen und philosophischen Einflüssen.

Auch Freuds anregendes Statement über die exzessive Fülle des Verlangens hatte Einfluss auf Deleuze:

Deleuze kritisierte Freud dafür, dass er die Konsequenzen dieses Statements über die Grenzenlosigkeit des Unbewussten nicht zu Ende gebracht hat. Er sei auf die Vorstellung zurückgefallen, dass Verlangen von einem fortwährenden Gefühl des Unerfülltseins und des psychischen „Mangels“ motiviert ist.

Die Psychoanalyse behauptet, dass das Individuum „Ich“ ein Subjekt ist, das nach einer ursprünglichen Einheit zwischen Mutter und Kind strebt, aber gleichzeitig dessen transgressive (hier etwa: übergriffige) Konsequenzen fürchtet.

Anti-Ödipus

In *Anti-Ödipus, Kapitalismus und Schizophrenie* ersetzen Deleuze und sein Co-Autor **Félix Guattari** (1930–1992) die psychoanalytische Vorstellung eines verlangenden Subjektes, das von der „Leere" motiviert wird, durch ein dezentriertes Subjekt, das an der Grenze existiert, ohne feststehende Identität – einzig definiert von den Stadien, welche sie durchquert.

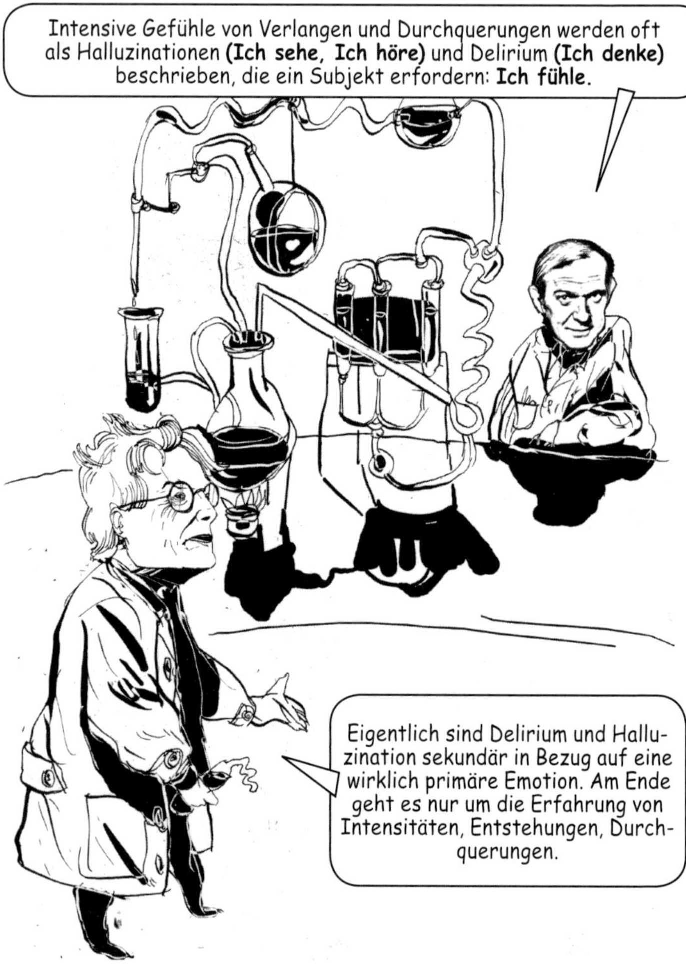

„Die Verwandlung“: schizophrenes Verlangen

Deleuze und Guattari lasen **Franz Kafkas** (1883-1924) *Die Verwandlung* – ein junger reisender Geschäftsmann, Gregor Samsa, der mit seiner Familie lebt, verwandelt sich aber über Nacht in einen Mistkäfer. Aber sie verstanden die Erzählung nicht als Allegorie oder psychoanalytische Darstellung, zum Beispiel von unterdrückten brutalen oder schuldbewussten Gefühlen.

Am Anfang der *Verwandlung* schneidet Gregor ein Bild einer Dame, „die, mit einem Pelzhut und einer Pelzboa versehen, aufrecht dasaß und einen schweren Pelzmuff, in dem ihr ganzer Unterarm verschwunden war, dem Beschauer entgegenhob", aus einer Zeitschrift aus. Dieses Bild taucht noch einmal später in der Geschichte auf – nach Gregors Verwandlung –, noch immer eingerahmt an seiner Schlafzimmerwand hängend, als letzte Insel seines vorherigen Lebens.

Eine psychoanalytische Interpretation von Gregors Verbundenheit mit diesem Bild könnte hier eine Art Fetisch vermuten, in welchem das Bild der Frau in Pelz zweierlei zum Ausdruck bringt: eine idealisierte und verdrängte Hingezogenheit zur Mutter und, umgekehrt, eine Angst vor ihrer Anziehung.

Deleuze und Guattari bieten jedoch eine völlig andere Darstellung der Verwandlung. Sie sehen in ihr eine wahnhafte Flucht vor repressiven und blockierten Institutionen, die unter anderem eben die ödipale Familie mit einschließen.

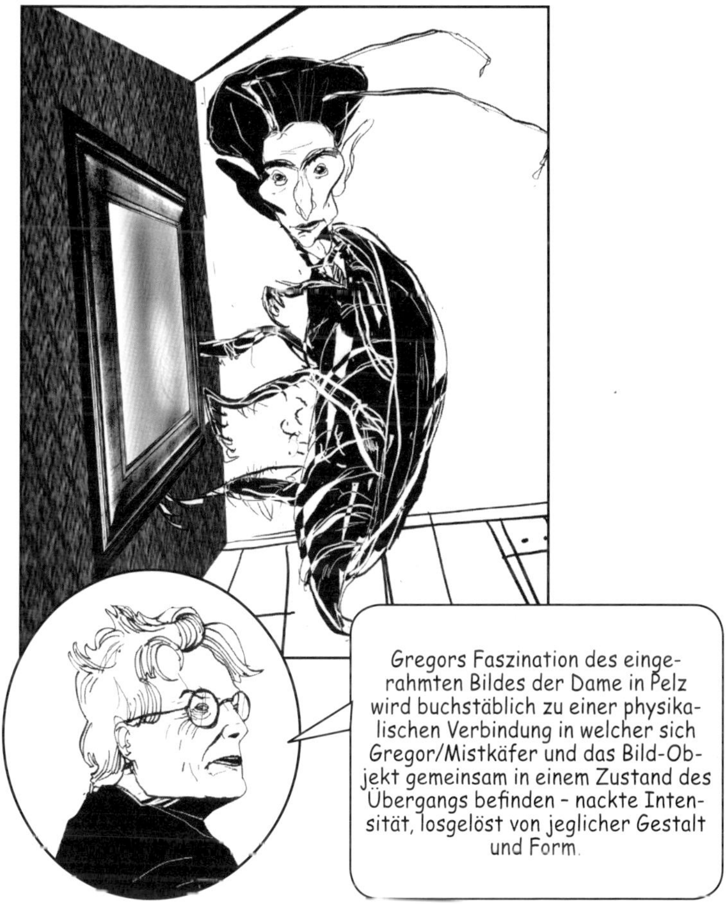

Körper ohne Organe

Deleuze und Guattari sehen das Verlangen in Kafkas *Verwandlung* primär als „Empfindung" (Sensation), die auf der Schwelle der Sinne Vorrang vor der Wahrnehmung (bezogen auf die Erkenntnis) zu haben scheint.

Empfindungen verteilen sich über den Körper und gehen durch ihn hindurch – in Wellen und in einem Rhythmus, der seine wahrnehmbaren Anlagen oder die Organisation der einzelnen Teile mit Vibrationen und Krämpfen mischt.

Solche polymorphen, inneren Erfahrungen, die eine ganze Bandbreite von sensorischen Inputs und Möglichkeiten vereinen, halten sich nicht an die normative Auffassung des Körpers als einer funktionierenden Einheit oder eines Organismus, der getrennt von anderen Menschen, Tieren und der Welt existiert.

Deleuze und Guattari übernahmen die Idee eines Körpers ohne Organe von dem surrealistischen Schriftsteller und Künstler **Antonin Artaud** (1896-1948). Diesen zitierend verkündeten sie:

Deleuze untersuchte seine Idee eines triebhaften Körpers des Verlangens mit Hilfe der Gemälde von **Francis Bacon** (1909-1992). Deleuze sah in diesen Bildern keine brutale oder verletzende Gestaltung. Er ging davon aus, dass Bacons Bilder nervöse – hysterische – Wellen der Intensität transportieren, die die Grenzen der organischen Aktivität übersteigen.

„Löse den Organismus zu Gunsten des Körpers auf, das Gesicht zu Gunsten des Kopfes; der organlose Körper ist Fleisch und Nerven; eine Welle durchströmt ihn und zeichnet Ebenen in ihn ein, die Sensation ist gleichsam das Zusammentreffen der Welle mit Kräften, die auf den Körper einwirken: ein gehauchter Schrei."

Für Deleuze geht es in Bacons Gemälden – trotz ihres äußeren Scheins – nicht um Grausamkeit. Sie sind keine Darstellung von etwas Schrecklichem. Als Gegenteil von aufsehenerregend sind sie „nichts anderes als die Einwirkung von Kräften auf den Körper, oder Sensation."

Reine Immanenz

Während Philosophen wie Derrida, Foucault und Agamben sich von einer konkreten Darstellung der „kommenden Gesellschaft" verabschieden, verzichtet Deleuzes Philosophie auf jegliche Beschränkung. Die Reste davon überantwortet er den Mülltonnen der orthodoxen psychiatrischen Geschichte.

Deleuze sieht das menschliche Leben weniger als ein Potenzial an, das verwirklicht werden könnte. Er betrachtet dieses Potenzial vielmehr als etwas bereits Eingetretenes oder „Immanentes" – etwas, das bereits schafft und sich ausdrückt. Für Deleuze strebt das Leben per definitionem danach, sein Wesentliches, Eigentliches in all seinen verschiedenen Möglichkeiten und Kräften auszudrücken.

Die Ketten abschütteln

Solche Kräfte mögen positiv oder negativ, aktiv oder reaktiv, kreativ oder (selbst-)zerstörerisch sein. Ganz egal – Deleuze sagt: Verlangen fragt nicht nach dem Warum oder fragt im Voraus, ob eine Erfahrung von Alterität in etwas Positivem enden wird oder nicht – denn das wäre ein Rückfall in die Metaphysik.

Und somit liegt die Bedeutung der kontinentalphilosophischen Tradition – von Kant und Nietzsche bis zu Deleuze – in ihren Bemühungen, die Ketten aller Vorstellungen, die die Menschheit und das Leben fesseln, zu sprengen, egal was dabei auf dem Spiel steht und welche Konsequenzen das haben könnte.

Glossar

Affekt ist ein psychoanalytischer Begriff, der sich auf emotionale oder physiologische Symptome, Erfahrungen oder Ausbrüche bezieht, die immer den Transfer von Energien von einem zu einem anderen Zustand mit sich bringen.

Dialektik kann Unterschiedliches bedeuten, je nachdem, auf welchen Philosophen man sich bezieht. In Platons Philosophie ist Dialektik seine eigene Form der rhetorischen Argumentation. Bei Hegel ist sie ein Konzept von historischen Kräften, die sich antagonistisch gegenüberstehen, aber miteinander verbunden sind. Und weil ihre Beziehung grundsätzlich instabil ist, führt sie zu Wandel. In einer Formel zusammengefasst: These und Antithese ergibt Synthese. Marx übernahm Hegels Idee der Dialektik, um beispielsweise die sozialen und politischen Konflikte zwischen Proletariat und Bourgeoisie im Kapitalismus zu charakterisieren. Nietzsche, und später Deleuze, gebrauchen den Begriff etwas anders und beziehen ihn auf jede Form von dualistischem Denken, das sich auf ein Ideal von vereinender Identität bezieht. *Siehe auch: Ideologie* und *Metaphysik*.

Dionysisch. Nietzsche glaubte, dass die Rhythmen, Dynamik und musikalischen Harmonien der großen Tragödien von Aeschylus und Sophocles des 5. Jahrhunderts vor Christus in Griechenland aus den hypnotischen und berauschenden Kadenzen der antiken Feste entsprangen, die dem Gott Dionysos gewidmet waren. Nietzsche bezieht diese Huldigung von Dionysos auf die Bereitschaft der Griechen, sich unbewussten Trieben und den Kräften des Wandels zu öffnen.

Diskurs ist eine aus dem Lateinischen stammende Bezeichnung für einen Prozess des Denkens und Argumentierens (wörtlich: umherrennen). Umgangssprachlich bezeichnet Diskurs jedes Thema einer theoretischen oder philosophischen Diskussion, einer öffentlichen Debatte oder einer Untersuchung.

Empirismus ist ein Begriff aus der Erkenntnistheorie. Die Empiristen gehen davon aus, dass alles Wissen nur aus der Erfahrung (also der Empirie) kommen und nicht a priori (alleine durch die Vernunft und unabhängig von vorheriger Erfahrung) entstehen kann, sondern nur a posteriori (nach gemachter Erfahrung). Diese Philosophie wurde später vor allem für Kant und anschließend für Deleuze essentiell wichtig.

Existentialismus ist ein philosophisches und kulturelles Phänomen. Es hat seinen Ursprung im 19. Jahrhundert und besteht heute fort. Im Zentrum des Denkens steht hier der Mensch in seiner Existenz: Es gibt nihilistische Formen des Existentialismus, die sich in Wendungen, wie „Das Universum ist absurd", „Die Hölle, das sind die anderen" (Sartre) zusammenfassen lassen – im Gegensatz zu Heideggers Version des Existentialismus, der sich einer authentischen Form der Existenz verschreibt, für die er den Begriff „existentiell" prägt.

Hermeneutik sieht Objekte oder Zeichen als Hinweise oder Symptome einer größeren Realität, als Repräsentanten von letzter Wahrheit. Ein solches Beispiel ist Heideggers Verständnis der historischen Bedeutung der Tempel für die griechische Kultur.

Idealismus. *Siehe auch: Ideologie, Metaphysik* und *Marxismus*.

Ideologie meint im weitesten Sinne jedes Glaubenssystem und dessen zu Grunde liegende Vorstellungen und Werte. Nietzsches Statement folgend („Ich fürchte, wir werden Gott nicht los, weil wir noch an die Grammatik glauben.") zeigt Lacan, wie alle sprachlichen und symbolischen Systeme der Kommunikation und des Austauschs nur über zugeschriebene Subjektpositionen funktionieren, von denen aus wir sprechen oder handeln: „Ich, „du", „wir" und so weiter. Das Sprechen und Handeln innerhalb dieser Positionen übersieht unvermeidlich das Medium, in dem Kommunikation aufgebaut ist, und reproduziert so eine idealisierte Auffassung von Bewusstsein und verständlicher Bedeutung. *Siehe auch: Metaphysik* und *Marxismus*.

Marxismus ist eine intellektuelle Tradition und eine radikale politische Praxis. Zeitgenössische marxistische Intellektuelle, wie Slavoj Žižek, behaupten, dass Marx nicht in erster Linie das Geheimnis hinter dem Warenaustausch unter dem Kapitalismus suchte, sondern, viel wichtiger, das Geheimnis der Form dieses Austauschs selbst. Diese Form ist das symbolische System, das Werte allein durch den Kauf und Verkauf festlegt, vermittelt und strukturiert. *Siehe auch: Ideologie, Metaphysik* und *Moderne*.

Metaphysik bezeichnet eine der philosophischen Grunddisziplinen. Ausgehend von Aristoteles' Definition als die Lehre von den „letzten Gründen", bezieht sich Metaphysik auf all das, was über die menschliche Erkenntnis und die sinnliche Wahrnehmung hinausgeht (griech.: meta ta physica – über die Natur hinausgehend). Die Frage nach dem, was hinter allem steckt, wird von der Metaphysik als religiöser Glaube interpretiert, als die Existenz einer höheren, „wahren Welt", eines transzendentalen Reiches des Seins, das ewig und unveränderlich ist, das im Gegensatz zu seinem „gefallenen" Gegenteil steht – die Welt, die von der Menschheit bewohnt wird. Diese Welt wird als mangelhaft und „inhaltsleer" betrachtet. Metaphysik bezeichnete darauffolgend jedoch umfassender jede Ideologie, die sich um ein Ideal einer vereinten Identität, Subjektivität oder Bewusstsein dreht. *Siehe auch: Ideologie* und *Marxismus*.

Moderne – in der marxistischen intellektuellen Tradition – wird historisch als eine Verschiebung charakterisiert vom Feudalismus des Mittelalters hin zum Kapitalismus, der auf einer Marktwirtschaft basiert, in der der Arbeiter seine Arbeit verkaufen muss. Die wachsende Arbeitsteilung, die mit der Industrialisierung einherging, und das Heranwachsen einer Gesellschaft von Konsumenten markieren das eigentliche Einsetzen der Moderne. Für Heidegger ist die Moderne eine historische Epoche, die auf die vorsokratische und christliche Ära folgt und von einer instrumentellen Form des Denkens charakterisiert wird, in der Bedeutungen kalkulierbaren Endzielen und Zwecken untergeordnet werden.

Phänomenologie. Diese philosophische Strömung lehnte Existenzannahmen und Subjekt-Objekt-Unterscheidungen ab. Sie konzentrierte sich nicht auf die Natur der wahrgenommenen Objekte, sondern eher auf die Erfahrung, wie sie als unmittelbare Erscheinungen (Phänomene) wahrgenommen werden. Die Phänomenologie entsprang der Philosophie von Edmund Husserl (1859-1938) und wird mit späteren Philosophen wie Heidegger und Merleau-Ponty (1908-1961) in Verbindung gebracht.

Postmoderne ist teilweise schwer mit dem Poststrukturalismus (siehe unten) auseinanderzuhalten. Als Epoche bezieht sie sich auf einen historischen Moment nach der Industrialisierung, die vom Aufstieg der digitalen und virtuellen Form der Reproduktion und Kommunikation charakterisiert wird. Bezeichnend für die Postmoderne ist das Bestreben, die feststehenden Grundannahmen und Ideologien der Moderne in Frage zu stellen und aufzulösen. *Siehe auch: Moderne*.

Poststrukturalismus. Die Poststrukturalisten waren zunächst eine lose zusammengewürfelte Gruppe französischer Philosophen und Denker, die während der Nachkriegszeit und den 1968ern auf der Bühne erschienen. Ganz im Geiste der Postmoderne wollten sie weg von metaphysischen Denkweisen und beschäftigten sich mit der Frage nach dem Werden und dem Wandel (Deleuze). Sie untersuchten, wie solche Ereignisse des Werdens und Wandels sprachlich und symbolisch dargestellt werden können (Derrida, Nancy, Badiou). Umgekehrt bestimmte diese Fragestellung ihre Herangehensweise an Zeit, Zukunft und die Gesellschaft nach dem Zusammenbruch der utopischen Ideale der Moderne. (s. auch Foucault, Agamben, Rancière)

Romantik (zeitgeschichtlich gesehen) ist eine kulturgeschichtliche Epoche ausgehend von der Mitte des 18. Jahrhunderts bis zur Mitte des 19. Jahrhunderts. Ihr wohl größtes Vermächtnis für die Philosophie, enthalten in Kants Theorie des Erhabenen, ist die Einstellung, Erfahrung als etwas Überwältigendes zu betrachten, das das Begreifen übersteigt.

Weiterführende Lektüre

Im Folgenden finden Sie Hinweise auf jeweils ein zur tieferen Beschäftigung empfohlenes Werk der in diesem Infocomic behandelten Philosophen. Wie immer ist diese Liste sorgfältig bedacht, aber natürlich subjektiv und in ihrer Beschränkung waghalsig.

Agamben, Giorgio: *Die kommende Gemeinschaft*. ISBN 978-3883961859. Merve. Berlin 2003.

Badiou, Alain: *Das Sein und das Ereignis*. ISBN 978-3935300407. Diaphanes. Zürich 2005.

Bataille, Georges: *Das obszöne Werk: Die Geschichte des Auges. Madame Edwarda. Meine Mutter. Der Kleine. Der Tote*. ISBN 978-3499128936. Rororo. Reinbek 1977.

Benjamin, Walter: Illuminationen: Ausgewählte Schriften. ISBN 978-3518368459. Suhrkamp. Berlin 2010.

Deleuze, Gilles / Guattari, Felix: *Tausend Plateaus. Kapitalismus und Schizophrenie*. ISBN 978-3883960944. Merve. Berlin 2010.

Derrida, Jacques: *Grammatologie*. ISBN 978-3518280171. Suhrkamp. Frankfurt am Main 1983.

Foucault, Michel: *Die Ordnung der Dinge: Eine Archäologie der Humanwissenschaften*. ISBN 978-3518276969. Suhrkamp. Frankfurt am Main 2003.

Freud, Sigmund: Die Traumdeutung. ISBN 978-3868200539. Nikol Verlag. Hamburg 2011.

Hegel, Georg Wilhelm Friedrich: *Phänomenologie des Geistes*. www.Gutenberg.Spiegel.de/buch/1656/1

Heidegger, Martin: Sein und Zeit. ISBN 978-3484701533. Niemeyer. Tübingen 2006.

Horkheimer, Max / Adorno, Theodor W.: Dialektik der Aufklärung: Philosophische Fragmente. ISBN 978-3596904556. Fischer Taschenbuch. Frankfurt am Main 2012.

Kant, Immanuel: *Kritik der reinen Vernunft*. ISBN 978-3150064610. Reclam, Philipp, jun. GmbH. Stuttgart 1986.

Kristeva, Julia: Die Revolution der poetischen Sprache. ISBN 978-3518109496. 9. Auflage. Suhrkamp. Frankfurt am Main 1978.

Lacan, Jacques: *Schriften 1*. ISBN 978-3518277379. Suhrkamp. Frankfurt am Main 1987.

Lyotard, Jean- François: Das postmoderne Wissen: Ein Bericht. ISBN 978-3709200360. 7. Auflage. Passagen Verlag. Wien 2012.

Marx, Karl: *Das Kapital: Ungekürzte Ausgabe nach der zweiten Auflage von 1872. Mit einem Geleitwort von Karl Korsch aus dem Jahre 1932*. ISBN 978-3866473256. Anaconda. Köln 2009.

Nietzsche, Friedrich: Gesammelte Werke. ISBN 978-3866477551. Anaconda. Köln 2012.

Rancière, Jacques: *Der Philosoph und seine Armen*. ISBN 978-3851659313. Passagen Verlag. Wien 2010.

Sartre, Jean-Paul: *Das Sein und das Nichts*. ISBN 978-3498062620. Rowohlt. Reinbek 1991.

de Saussure, Ferdinand: *Grundfragen der allgemeinen Sprachwissenschaft*. ISBN 978-3110170153. De Gruyter. Berlin 2001.

Žižek, Slavoj: *Mehr-Genießen. Lacan in der Populärkultur*. ISBN 978-3851320374. Turia & Kant. Wien 1992.

Zu den Autoren

Christopher Kul-Want, arbeitet z.Zt. am Central St. Martins College of Art and Design an der University of the Arts, London. Gebiete: Kunsttheorie und Philosophie. In dieser Reihe sind von ihm erschienen u. a.: Infocomics Slavoj Zizek.

Danksagung des Autors: Ich bedanke mich ganz herzlich bei allen, die zum Entstehen dieses Buches beigetragen haben, besonders Duncan Heath, Piero und Catherine Yass, denen ich viel schulde. Ich widme dieses Buch Catherine und Enna Thea.

Piero, Illustrator und Grafikdesigner, kommt aus La Plata, Argentinien, und lebt seit 1997 in London. Hat in dieser Reihe u. a. illustriert: Infocomic Shakespeare, Infocomic Nietzsche; Infocomic Slavoj Zizek.

Danksagung des Illustrators: Ich möchte mich bei Duncan Heath und Chris bedanken. Es macht immer wieder Spaß mit ihnen zu arbeiten.

Widmen möchte ich dieses Buch meinem Vater Osvaldo und Silvina sowie meiner ganzen Familie.

http://pieropierini.wix.com/drawings

INDEX

Abhängigkeit vom symbolischen System 26
Adorno, Theodor 75,78-79
Agamben, Giorgio 148-159, 169
alētheia 71
„als ob nicht" 152
Alterität 36–37, 48, 53, 157, 160, 169–70
analytische Philosophie 8–11
Anamorphose 96–97
Andere (der) 36, 55, 128
Arbeitszeit 143
Artaud, Antonin 138, 167
Ausgaben, Philosophie der 89–91
Austausch, Medium des 28–31
Azteken 90–92

Babys, ungetauft 153
Bacon, Francis 168
Badiou, Alain 5, 111–114
Bataille, Georges 88–93, 160
Beauvoir, Simone de 104, 133
Beckett, Samuel 79
Bedeutung 122
Benjamin, Walter 63, 75, 80–87, 149
Berg, Alban 79
Bewusstsein 22–23, 75
Bio-Macht 144–145
Bourgeoisie/ Kleinbürgertum 155–157
Brüderlichkeit 128–129

Camus, Albert 101
Chaplin, Charlie 85, 104
China 110–111
Chomsky, Noam 18–19
chora 137
Christentum 58, 65–67, 153
chronologische Zeit 159
College de Sociologie 88

Dasein 69–70
Definition 4–5
Dekonstruktion 123
Deleuze, Gilles 160–170
Delirium 162
Demokratie 119, 129
Derrida, Jacques 121–133, 158–159, 169
Descartes, René 11, 22–23, 94–95
Deutsche Philosophen 5–6
dialektisch 66
dionysische Energie 88, 160
Diskurse 21
Disziplin 145
Dostojewski, Fjodor 99, 138

Eisenstein, Sergei 83
Emanzipation 105, 111–112
Engagement 104
Entfremdung 85, 115
Entscheidungsfreiheit 4
Episteme 64, 69–71
Erfahrung 18
erhaben 37–39, 51–52, 54, 117–118
Existentialismus 106
Exzess 92

Feminine (das) 132
Fortschritt, Sturm des 87
Foucault, Michel 20–21, 141–148, 169
Frankfurter Schule 63–64, 75–77
Französische Philosophie 5–7
Freiheit, Erfahrung von 118
Freud, Sigmund 136, 140, 161
Freundschaft 128–129
fundamental 26
Funktionsunfähigkeit 153–154
Fülle 161

Gebrauch 151
Geist 66
Geld 28–31
Gemeinschaft 120–121, 131
Genealogie 13
Gewalt und das Gesetz 81, 149
Glaube 32
Gott
Tod von 40–42
und die Menschheit 65–66
Guattari, Félix 162–167

Halluzination 162
Handlung 106
Hegel, Georg W.F. 5, 65–67
Heidegger, Martin 5, 17, 61–65, 67–73, 98
Heraklit 16–17
Hierarchie 42
historisches Vorgehen 13
Holbein, Hans 96
Horkheimer, Max 75

Idealismus 44, 48
Identität 33–36, 50, 132–138, 140
Ideologien, Zusammenbruch der 110
Immanenz 169
Interpretatives Vorgehen 13
Irigaray, Luce 134–135

Jouissance 136–137

Kafka, Franz 163–166
Kant, Immanuel 5, 32–40, 48–55, 116–118, 160
Kapitalismus 28–31, 53, 77, 79, 110–111, 142–143
katargesis 152
Klee, Paul 87
kommende Gemeinschaft 131, 155, 169
Kommunikationssystem 23
Kommunismus 74, 105, 111–114
kommunistische Hypothese 114
Konstantin 58
Konsum, als Verlangen 77
Kontext 62–63
Kontinentalphilosophie 8–10
Körper ohne Organe166–168
Kreativität 3, 17
Kristeva, Julia 136–140
Kunst 72, 78–79, 118

Lacan, Jacques 23, 27–28, 45, 93, 96–97, 109
l'avenir 125–126
Lebenszeit 143
Leere 161–162
Levi, Primo 150–151, 158
Liebe deinen Nächsten 58
Logik 10
Lyotard, Jean-François 115–118

Macht 150–151
Verlangen nach 57
der Sprache 150–151
Machtbeziehungen 143
Mallarmé, Stéphane 139–140
Marginalisation 119–120
Marx, Karl 28–31, 141, 143
Marxismus 7, 77, 106
Massenbewegungen 112
Mathematisch Erhabene, das 38
Männlichkeit 132
Melville, Herman 154, 158
menschliche Natur 18, 20
Messianische Zeit 159
Metaphysik 32, 42–45, 48–49, 51, 121
durch die Hintertür 52
das Ende der 125–130
und Sprache 44
überwinden 55
der Präsenz 121–122, 132–133
Mickey Maus 86
Moderne
das Ende der 64
Probleme mit 68
Montage 83–84
Mutterleib 136–137

Napoleon III 80
Nationalsozialismus 67–68
Nichts 55–56
Nietzsche, Friedrich 3, 5, 13, 40–49, 55–62
über dionysische Energie 88, 160
und Heraklit 17
über Kant 40, 48–49, 52, 55
über den Übermenschen 60–61
über Philosophen 130–131
über Religion 40–44, 57–58
Sartres Antwort auf 99
über Wissenschaft 45–46
Nihilismus 47, 61, 155
Normalität 145–146
noumenon 32, 49, 51
nullte Stufe 158

oppositionelle Kunst 78–79
Ödipuskomplex 136, 161–165

Pariser Demonstrationen 107
Patriarchat 132–133, 138
Passagenwerk 80
Perspektivismus 46
Pessimismus 47–48
Phallogozentrismus 132
Platon 13
Politik 120
Politisches und Privates 142
Postmoderne 107, 116
Poststrukturalismus 107
Präsenz 121–122, 132–133
Psychoanalyse 7, 14, 93–94, 140, 161
Psychose 138, 140

Ranciere, Jacques 119–120
Rationalismus 70
Realität 93–95
Regeln 23–24
Religion 42–44
Repression 12–14, 18, 60, 70, 81, 149
Russell, Bertrand 10
Russland 110–111

Sartre, Jean-Paul 98–106
Saussure, Ferdinand de 122, 124
Segregation 145–146
Selbst 18, 22–23
Schizoanalyse 160
schizophren 163, 166, 168, 170
Sicherheit 145–148
Singularität 157
soziale Interaktion 24
Sprache 23, 25
Statistik 146
Streik 82
Struktur 19
Subjekt, als Produzent 141
Subjekt „Ich" 18, 161
Symbolische Ordnung 23–28, 93
Synthese 34–36, 52, 54–56, 59, 66

Technologie 62–63
Teleologie 65
Tempel 72–73
Terroristenstaat 148
Tod 156–157
Transzendentalismus 170

Ungewissheit 70
Universalität 157
Unterbewusstsein 14, 27, 160–161
Übermensch 60–61

Van Gogh, Vincent 92
Vaters, das Gesetz des 136, 161
Verstandes, die Grenzen des 118
Vertigo 38
Wertov, Dziga 83
vielleicht 127, 130

Wahrheit, universelle 20
weiblich 134–137
Weil, Fritz 75
Wille zur Macht 56–57, 59
Wissen 32–35, 49–52, 56, 115–118
Wissenschaft 45–46, 76
Wittgenstein, Ludwig 10–11

Zarathustra 60–61
Zeit 159
Žižek, Slavoj 7, 93, 109, 111
Zoroaster 60
Zukunft 125–126
Zurückweisung 66